BÖRSEN MEDIEN

AKTIENGESELLSCHAFT

Alexander Natter

TERMIN MARKT

für Einsteiger

Druck: Ebner & Spiegel, Ulm

Alexander Natter
Terminmarkt für Einsteiger

ISBN 3-938350-23-7

Bibliografische Information der Deutschen Bibliothek
Die Deutsche Bibliothek verzeichnet diese Publikation in der Deutschen Nationalbibliografie; detaillierte bibliografische Daten sind im Internet über <http://dnb.ddb.de> abrufbar.

BÖRSEN MEDIEN
AKTIENGESELLSCHAFT

Postfach 1449 • 95305 Kulmbach
Tel. 09221-9051-304 • Fax 09221-9051-4444

Inhalt

Vorwort

Termingeschäfte – dieser Begriff löst bei den meisten Menschen mythische Vorstellungen und abenteuerliche Assoziationen aus. Sicher, viele dieser Mythen stammen aus Zeiten, die längst vergangen sind, aber dennoch beweist die Tatsache, dass sie immer noch existieren, ihre Hartnäckigkeit. Wenn man diese Mythen einmal etwas genauer unter die Lupe nimmt, dann erkennt man schnell, dass es derer eigentlich nur zwei gibt. Einerseits herrscht der Glaube, Termingeschäfte seien eine Lizenz zum Gelddrucken und Terminmarkt-Spekulanten hätten im Spiel um das große Geld immer die Position der Bank inne und aalten sich in ihrem märchenhaften Reichtum. Dieser (Irr-)Glaube hat schon viele Privatanleger zu dem Versuch verführt, mal eben den schnellen Euro zu machen, ohne sich intensiv auf das Metier vorzubereiten. Fast alle, die auf diese Weise an der Terminbörse aktiv wurden, sind gescheitert und auf direktem Weg in den finanziellen Ruin gelaufen. Auf der anderen Seite werden Termingeschäfte für einen Tummelplatz für Zocker, Windhunde, Spielernaturen und Betrüger gehalten. Auch dieser (Irr-)Glaube hat für Privatanleger fatale Auswirkungen, denn sie lassen sich davon abhalten, in Terminmarktprodukte zu investieren.

Keiner dieser Mythen kommt der Wahrheit auch nur entfernt nahe! Die Verfechter traditioneller Investmentprodukte, wie Aktien, Immobilien und festverzinsliche Papiere, die man leider immer noch im Umfeld von Banken findet, sprechen sehr gern von der „hoch spekulativen" Natur der Termingeschäfte, stellen sie als unkalkulierbares Spiel mit dem Risiko dar. Termingeschäfte sind sicher bis zu einem gewissen Grad spekulativ. Aber auch nicht mehr oder weniger, als andere Anlageformen auch. Sie können am Terminmarkt genauso ein Vermögen verlieren wie mit Aktien oder Immobilien. Nämlich dann, wenn Sie unvorbereitet an den Start gehen und die Materie nicht beherrschen. Auf der anderen Seite bietet Ihnen aber gerade der Terminmarkt absolut faire Chancen, auch mit kleinstem Startkapital ein Vermögen zu machen. Und das auch noch in einer relativ kurzen Zeit! Börsentermingeschäfte haben große Investment-Legenden wie George Soros, Larry Williams, Jesse Livermore und viele andere zu beneidenswert reichen Männern und erfolgreichen Finanzexperten gemacht. Sie sind keineswegs exotisch, mythisch oder gar unkalkulierbar riskant. Im Gegenteil, es handelt sich hierbei um Geschäfte mit modernen Finanzinstrumenten, die aus unserer heutigen Finanzwelt nicht mehr wegzudenken sind.

Für Termingeschäfte gilt ganz besonders das Sprichwort, dass jede Medaille zwei Seite hat. Geld, das auf einer Seite verloren wird, wird auf der anderen Seite gewonnen. So sind Termingeschäfte ein Nullsummenspiel. Zu jedem Verlierer gehört auch ein Gewinner – und umgekehrt. Die Unwissenden werden zur leichten Beute der überlegt und strategisch handelnden Profis. Das ist aber bei Aktien und Immobilien auch nicht anders!

Warum ich dieses Buch geschrieben habe? Der Wunsch, dass Sie, verehrte Leser, in Zukunft auf der Gewinnerseite sitzen sollen, war die grundlegende Motivation für mich. Aus eigener Erfahrung weiß ich nur allzu gut, wie wichtig es ist, die Grundregeln zu kennen, bevor man sich mit dieser faszinierenden Form der Kapitalanlage beschäftigt. Als aktiver Kampfsportler ziehe ich immer gerne den Vergleich zum Boxen. Wenn Sie ohne grundlegende Ausbildung, ohne die Grundtechniken zu beherrschen und ohne vorbereitendes Training einen Boxkampf gegen einen erfahrenen Gegner antreten, dann werden Sie sicher sehr schnell k. o. geschlagen. Kein vernünftiger Mensch würde so etwas tun und seine Gesundheit riskieren. Aber wenn es um Börsengeschäfte geht, meinen viele, man braucht nur ein paar Wertpapiere kaufen und wird von allein reich. Das stimmt natürlich nicht!

Sie halten mit diesem Buch keinen wissenschaftlichen Wälzer in der Hand, der Sie mit trockener Theorie langweilt oder überfordert. Sie haben sich das Buch eines Praktikers, der jeden Tag aufs Neue seinen Lebensunterhalt an der Börse verdient, für den Einstieg in eine der lukrativsten Investmentformen gekauft. Dieses Buch kann und soll Ihnen nicht alles sagen, was Sie über den Terminmarkt, über Futures und Optionen wissen müssen. Sonst wäre es womöglich dicker als die Bibel geworden. Aber es wird Ihnen das nötige Grundwissen vermitteln, um erfolgreich in den Markt einsteigen zu können. Betrachten Sie dieses Buch als Basislehrgang, auf dem Sie Ihre zukünftige Karriere als Terminmarkthändler aufbauen können. Wenn Sie es durchgelesen haben, vielleicht ein zweites und auch ein drittes Mal, dann gehören Sie zu den Fortgeschrittenen des Geschäfts. Wie Sie dann weiter verfahren sollten, erfahren Sie natürlich auch – aber erst am Schluss!

Ihr
Alexander Natter

Einleitung

Geld verdienen mit Termingeschäften

„Die Spekulation ist so alt wie die Menschheit. Das, was an der Börse heute passiert, geschah schon x-mal davor und wird sich mit Sicherheit auch noch x-mal wiederholen."

Dies sind die Worte von Jesse Lauriston Livermore, dem legendären „König der Spekulanten" und einem der größten Spekulanten aller Zeiten. Livermore wusste, wovon er redete! Und er hatte – wie mit den meisten seiner Feststellungen – auch damit Recht.

Um die Anfänge der bewussten Spekulation, der Quintessenz der Termingeschäfte, zu erforschen, wollen wir auf die Bibel zurückgreifen und eine Reise in die Vergangenheit antreten. Das alte Testament, 1. Buch Mose, Genesis, Kapitel 41 ff. berichtet von Josef von Ägypten, seines Zeichens wirtschaftlicher Berater des Pharaos. Josef hatte einen merkwürdigen Traum, in dem er sieben fette und sieben magere Kühe sah. Das legte er so aus, dass zunächst sieben fette, ertragreiche und danach sieben magere, ertragsarme Jahre bevorstanden. Josef war ein recht schlaues Kerlchen und dachte einen Tick weiter als seine Zeitgenossen. In den sieben ertragreichen Jahren kaufte und hortete er so viel Getreide zu günstigen Preisen, wie seine Speicher fassen konnten. In den folgenden ertragsarmen Jahren, als es aufgrund schlechter Ernten sehr wenig Getreide gab, verkaufte Josef seine Vorräte zu horrenden Preisen.

Was lehrt uns hier die Bibel?

1. Josef ist mit dem billigen Einkauf, dem Horten und dem späteren teuren Verkauf von Getreide ein **Termingeschäft** eingegangen. Dank Josef, der in den fetten Jahren bereit war, ein großes Risiko einzugehen und Getreide zu horten, hatten die Menschen der damaligen Zeit auch in den mageren Jahren ausreichend Lebens-

mittel zur Verfügung – zu höheren Preisen zwar, aber sie hatten genug.

2. Josef musste auf das Eintreten der mageren Jahre **spekulieren**, das heißt, er ging bewusst das Risiko ein, dass ihn sein Traum in die Irre führen könnte.
3. Josefs Entlohnung für das eingegangene, kalkulierte Risiko war: Er verdiente ein Vermögen und wurde zu einem der reichsten Männer seiner Zeit.
4. Die Moral von dieser Geschichte: **Wer bereit ist, kalkulierte Risiken einzugehen, der hat auch die Chance, ein großes Vermögen anzuhäufen.**

Natürlich werden heute die Geschäfte an den (Termin-)Börsen dieser Welt nicht mehr ganz so einfach abgewickelt wie zu Josefs Zeiten. Doch das Grundprinzip der Spekulation ist das gleiche geblieben: billig einkaufen und möglichst teuer verkaufen! Wie ich in meinem Vorwort schon kurz angesprochen habe, sind Termingeschäfte seit jeher mythisch verklärt. Ob das nun zutrifft oder nicht, hängt immer vom jeweiligen Standpunkt ab. Eines aber sollte Ihnen die kleine Geschichte aus der Bibel ganz klar gemacht haben: Ganz egal, was Sie auch über Termingeschäfte denken mögen, ihnen liegt stets ein einfacher, logischer, sinnvoller und vor allem notwendiger Zweck zugrunde. Menschen, die zum Wohle der Allgemeinheit und auch zur eigenen Bereicherung bewusst kalkulierte Risiken eingehen, brauchte man früher, man braucht sie heute und man wird sie auch in Zukunft brauchen. Heute nennt man solche Menschen Terminhändler, Trader oder schlicht Spekulanten. Sie kalkulieren ihr Risiko, gehen es bewusst ein und ergreifen dabei die einzigartige Chance, dafür fürstlich belohnt zu werden.

Doch nun von der Vergangenheit zur Gegenwart! Auch heute gibt es sie, die „Josefs von Ägypten“, die Spekulanten, die durch geschicktes Agieren an den (Termin-)Börsen ein Vermögen machen und zu beneidenswert reichen Zeitgenossen aufsteigen. Von einigen dieser Spekulanten haben Sie vielleicht schon gehört. George Soros zum Beispiel, der aus kleinsten Anfängen heraus einen der erfolgreichsten Hedgefonds aller Zeiten, den Quantum Fund, gegründet hat und dadurch zu einem der reichsten Männer der USA wurde. Er wurde seinerzeit berühmt, als er aufgrund einer Devisenspekulation gegen die Bank von England in nur einer Nacht knapp 600 Millionen Dollar verdiente. Warren Buffett ist ein anderes herausragendes Bespiel für eine berauschende Börsenkarriere. Als junger Mann gründete er mit ein paar Tausend Dollar seine Investmentfirma Berkshire Hathaway und machte sich einen Namen durch geschickte Aktien-Investments. Heute ist Berkshire Hathaway eine Multimilliarden-Dollar-Holding, Hauptaktionär von namhaften Unternehmen wie Coca-Cola und ihr Gründer, Warren Buffett, gilt als zweitreichster Mann der USA. Larry Williams, einer der erfolgreichsten Terminmarkt-Trader der USA, hat sich seit über 25 Jahren auf Termingeschäfte spezialisiert. Williams hat sich den Status einer Legende verdient, da er aus einem geringen Kapital von 10.000 Dollar binnen eines Jahres über eine Million gemacht hat.

Die Liste der Börsenstars ließe sich noch beliebig fortsetzen, doch das würde den Rahmen dieses Buches sprengen. Denken Sie bitte an das Zitat von Jesse Livermore zurück! Wie die Spekulation selbst gab es die großen Spekulanten früher, es gibt sie heute und es wird sie auch in Zukunft geben. Wie Josef von Ägypten vor vielen Tausend Jahren mit einem Termingeschäft ein gigantisches Vermögen angehäuft hat, so gelang es auch Leuten wie George Soros, Warren

Buffett, Larry Williams und vielen anderen. Die Börse hat den „Großen" damals eine Chance gegeben, als sie noch „klein" und unbedeutend waren, sie gibt sie Ihnen heute! Das ist es nämlich, was den „Mythos" Termingeschäft wirklich ausmacht. Die Faszination und die Chance, viel, wirklich sehr viel Geld zu verdienen!

Terminhandel, die Königsdisziplin an der Börse

Diejenigen unter Ihnen, die sich mit dem Thema Börse schon etwas intensiver befasst haben, vielleicht schon den einen oder anderen Optionsschein in ihr Depot genommen haben, werden mit dem Begriff „Termingeschäfte" die vielfältigen Investitionsmöglichkeiten an der europäischen Terminbörse Eurex in Verbindung bringen. Für die weniger versierten Anleger stellen sich Termingeschäfte leider immer noch als ein Buch mit sieben Siegeln dar. Sie denken unweigerlich an die klassischen „Warentermingeschäfte", an Schweinebäuche, Orangensaftkonzentrat oder Sojabohnen. Man erinnert sich an die großen Skandale, die immer wieder mit Termingeschäften in Verbindung gebracht werden, denkt an Glücksspiel, verruchte Zockerbuden und hemmungslose Betrüger.

Das liegt vor allem daran, dass sich die Medien naturgemäß für Sensationen interessieren. Diese Sensationen, sowohl negative als auch positive, sind aber Einzelfälle. Eine ganze Branche mit solchen Einzelfällen gleichzusetzen ist höchst unprofessionell. Es gibt sicher immer wieder Leute, die am Terminmarkt eine Menge Geld, ja sogar Haus und Hof verlieren. Das ist zwar traurig für die Betroffenen, aber wenn man diese Fälle einmal genauer betrachtet, erkennt man sehr schnell die Gründe für solche Verluste. Eine häufige Ursache dafür, dass jemand durch Termingeschäfte viel Geld verliert, ist mangelndes Grundwissen. Denken Sie bitte wieder an mein Beispiel aus dem Boxsport zurück. Wenn Sie keine Ahnung vom Boxen haben und überhaupt nicht trainiert sind und ich Sie auffordern würde, morgen gegen Wladimir Klitschko anzutreten, würden Sie mich für verrückt erklären, oder? Kein normaler Mensch würde ohne gründliche Vorbereitung einen ernsthaften Boxkampf wagen. Aber es gibt viele Leute, die meinen, ohne spezifisches Grundwissen und systematisches Vorgehen Termingeschäfte tätigen zu können. Das sind genau die Leute, die dann mit fliegenden Fahnen in den finanziellen Abgrund rasen und in großem Umfang Geld verlieren. Genauso wenig wie Klitschko etwas dafür könnte, wenn er einen blutigen, unerfahrenen Anfänger auf die Bretter schicken würde, genauso wenig kann der Terminmarkt etwas dafür, wenn Unwissende Geld verlieren. Vergessen Sie nicht, dass ganz speziell an der (Termin-)Börse jede Medaille immer zwei Seiten hat. Was auf der einen Seite verloren wird, das wird auf der anderen gewonnen. Diese andere Seite sollte die sein, auf der Sie in Zukunft stehen.

Mit Termingeschäften verbindet man ganz allgemein die klassischen Warentermingeschäfte. Das ist zwar nicht falsch, wie wir später noch sehen werden. Ganz richtig aber auch nicht, denn der Großteil der Termingeschäfte wird heute mit Aktien, Kapitalmarkt- und Geldmarktprodukten sowie Indizes getätigt. Und das sind wahrlich keine exotischen Dinge! Die klassischen Warentermingeschäfte nehmen nur noch einen kleinen Teil des Gesamtmarktes ein. Es gibt ohnehin bei näherer Betrachtung nichts, was man als mystisch oder exotisch einordnen könnte, und auch der Unterschied zwischen Termingeschäften und den „normalen“ Kassageschäften an der Börse ist nicht groß. Beim Kassageschäft kaufen Sie beispielsweise eine Aktie. Beim Termingeschäft hingegen kaufen Sie nicht die Aktie, sondern das Recht, diese Aktie irgendwann kaufen oder verkaufen zu dürfen. Was das grundsätzliche Motiv betrifft, unterscheiden sich die beiden Arten von Börsengeschäften allerdings nicht. Sie kaufen sowohl die Aktie direkt als auch den Terminkontrakt auf die Aktie in der Hoffnung, damit Profit zu erwirtschaften. Bei einem Termingeschäft auf Aktien sollten Sie allerdings etwas mehr tun, als nur zu hoffen! Sie sollten die betreffende Aktie und deren Kursverlauf sorgfältig studieren und prognostizieren, bevor Sie ein Termingeschäft auf sie abschließen. Denn im Gegensatz zum reinen Kassageschäft, bei dem Sie normalerweise nur ein paar Euro riskieren, wenn der Kurs sich nicht in die Richtung entwickelt, die Sie vorhergesagt haben, gehen Sie beim Termingeschäfte das Risiko ein, alles zu verlieren. Dieses Risiko besteht! Da aber jede Medaille zwei Seiten hat, können Sie beim Termingeschäft auf eine Aktie auch sehr viel mehr Profit erwirtschaften, wenn der Kurs in die von Ihnen gewünschte Richtung geht. Und das auch noch in kürzester Zeit!

Termingeschäfte setzen deshalb absolute Professionalität voraus, wenn man mit ihnen das „große Geld" verdienen will. Die Investition in Terminmarktprodukte wird nicht umsonst als die „Königsdisziplin an der Börse" bezeichnet. Hier gibt es keine „Hobby-Investoren" mehr, sondern nur knallhart kalkulierende Spezialisten. In dieser elitären Gesellschaft sind die Börsenprofis unter sich. Wenn Sie sich am Terminmarkt engagieren wollen, dann steigen Sie auf in die „Champions League" der Börse.

Besitzen Sie die nötigen Voraussetzungen?

Sie sind also entschlossen, einen Teil Ihres sauer verdienten Geldes für die großen Gewinne einzusetzen, die am Terminmarkt zu machen sind. Wie Sie ja bereits wissen, ist das ein Nullsummenspiel. Jeder Euro Gewinn, den ein Marktteilnehmer für sich verbucht, geht einem anderen Teilnehmer verloren. Ein Teil des Geldes fließt in Form von Provisionen und Gebühren in die Tasche der Broker. Wer gut und profitabel ist, der schuldet dann auch einen Teil seiner Gewinne dem Fiskus. Wer beim Terminhandel Verluste erleidet, der sorgt damit dafür, dass ein Großteil seines Verlustes auf elektronischem Wege dem Konto eines anderen Teilnehmers gutgeschrieben wird. Die Broker- und Kontogebühren muss man aber trotzdem tragen. Ihr Geld ist im Verlustfall nicht weg, es bekommt aber ein anderer. Ihren Gegenpart werden Sie vermutlich nie zu Gesicht bekommen, aber er existiert irgendwo da draußen in der großen, weiten Finanzwelt und freut sich über jeden Cent, den er durch Sie verdient.

Es gilt, gegen die Großen der Finanzszene in den Ring zu steigen, gegen Banken, Hedgefonds und Spekulanten. Haben Sie da wirklich reelle Chancen, gegen diese Konkurrenz zu bestehen? Eindeutig ja! Aber es ist nicht leicht. Voraussetzung ist zunächst einmal, dass Sie die Grundregeln dieses Geschäfts, das man auch das „Spiel der Spiele" nennt, lernen und trainieren. Dazu müssen Sie ein paar persönliche Qualitäten entwickeln. Eigenschaften, die Sie sich nur selbst aneignen können. Eigenschaften, die einen erfolgreichen Terminmarkthändler vom erfolglosen Verlierer unterscheiden. Der berühmte Spekulant W. D. Gann hat bereits vor Jahrzehnten vier Kriterien aufgestellt, die für einen erfolgreichen Börsenhändler notwendig sind: Geduld, Know-how, Mut und Coolness. Seine Feststellungen haben bis heute nichts an Aktualität eingebüßt. Diese Qualitäten, die Sie vielleicht schon besitzen oder sich noch aneignen müssen, sind eine der wichtigsten Voraussetzungen, um mit den Profis am Terminmarkt mithalten zu können.

Geduld

Geduld ist nicht nur eine Tugend, sondern auch eine wichtige Voraussetzung für erfolgreiches Spekulieren. Ein erfolgreicher Spekulant muss die Geduld haben, die richtige Gelegenheit abzuwarten. Er ist nicht zu eifrig, denn Übereifer kann an der Börse fatale Folgen haben und viel Geld kosten. Wenn Sie das Glück haben, in eine gute Position einzusteigen, wenn sich also der Kurs in eine für Sie günstige Richtung entwickelt, dann brauchen Sie Geduld, Ihre Position zu halten. Ein großer Fehler von Neulingen besteht darin, eine gewinnbringende Position zu früh glattzustellen. Damit verschenken sie im wahrsten Sinne des Wortes Geld. Die ganz normalen menschlichen Züge „Hoffnung“ und „Angst“, die das Börsengeschehen wesentlich beeinflussen, dürfen immer nur kontrolliert und positiv zum Tragen kommen.

Wenn Sie einmal mit einer Position in der Gewinnzone liegen, dürfen Sie keine Angst bekommen, dass sich Ihr Gewinn in einen Verlust verwandelt. Sobald Sie mit einer Position ins Minus rutschen bzw. sich der Kurs in die „falsche“ Richtung bewegt, dürfen Sie Ihre weitere Entscheidung keinesfalls von der Hoffnung auf eine Kurswende abhängig machen. In diesem Fall sollten Sie sogar Ihrer Angst, dass der Verlust noch größer wird, nachgeben und aussteigen. Und wenn keine definitive Trendwende zu erkennen ist, dann sollten Sie sich in Geduld üben und einfach mal abwarten.

Know-how

Im Terminmarkt gibt es kein „learning by doing“! Hier geht es nicht um viel Geld, sondern um sehr viel Geld. Der Wettbewerb ist knallhart und die Konkurrenz noch härter. Bevor Sie in dieses Geschäft einsteigen, sollten Sie zumindest das nötige Grundwissen und eine halbwegs akzeptable Handelsstrategie haben. Beides lernen Sie übrigens in diesem Buch. Mein persönliches Ziel am Terminmarkt ist es beispielsweise, täglich – wenn möglich – Gewinne zu erzielen und keine bzw. nur sehr geringe Verluste einzufahren. Aus diesem Grund sind meine eigenen Strategien auch eher als „konservativ" oder „sicherheitsorientiert" einzuschätzen. Im Termingeschäft sind Sie ständig gefordert, die nötige Wachsamkeit walten zu lassen. Ohne ausreichendes Grundwissen werden Termingeschäfte zu einen sehr gefährlichen Spiel mit großem Risiko.

Mut

Für jede wichtige Entscheidung im Leben braucht man eine gewisse Portion Mut. Es waren mutige Menschen, die mit ihren Entscheidungen die Welt verändert haben. Ganz so heroisch geht es am Terminmarkt natürlich nicht zu, aber jede Entscheidung, die Sie treffen, birgt naturgemäß auch ein gewisses Risiko in sich. Sie werden in Ihrer zukünftigen Spekulantenkarriere noch sehr oft vor Entscheidungen stehen, die riskant sein können. Manche Terminmarkthändler, vor allem Neulinge, strotzen nur so vor Mut und haben zu viel davon. Sie hoffen grundsätzlich nur auf das Beste und Angst vor Verlusten kennen sie nicht. Sie eröffnen Position für Position – meist ohne richtig über ihre Strategie nachzudenken. Das ist natürlich genauso fehl am Platz wie zu wenig Mut, gepaart mit übertriebener Angst, Verluste zu machen. In beiden Fällen würden Sie garantiert den richtigen Zeitpunkt für den Ein- als auch den Ausstieg verpassen. Ich möchte Ihnen in diesem Buch vermitteln, wie Sie ohne falsche Hoffnung und ohne übertriebene Angst mit der richtig dosierten Portion Mut Termingeschäfte betreiben können. Ein übertriebener Blick zurück auf eventuelle Verluste bringt Ihnen genauso wenig wie die Ignoranz der Tatsachen und übertriebene Euphorie.

Coolness

Damit wären wir bei dem Punkt, der meines Erachtens einen erfolgreichen Börsenspekulanten ausmacht. Wenn Sie sich nicht wohlfühlen, dann treffen Sie auch keine optimalen Entscheidungen. Sollte es einmal dazu kommen, dann gönnen Sie sich eine Pause und begnügen Sie sich mit der Zuschauerrolle. Wenn Sie zu lange an einer Position festhalten, dann verlieren Sie die nötige Distanz. Die Sache wird zu emotional und Sie urteilen nicht mehr objektiv. Erziehen Sie sich also selbst zur notwendigen Disziplin! Lernen Sie, „cool" zu bleiben, auch wenn es heiß wird.

Diese vier Qualitäten sind für Ihren Erfolg an der Terminbörse äußerst wichtig. Im Laufe dieses Buches werden wir uns mit den Details befassen, die Ihnen helfen, den harten, aber äußerst lukrativen Weg zum Erfolg an der Terminbörse zu meistern. Dieses Buch enthält viele der wichtigsten Regeln, die ich aus meiner Erfahrung formulieren konnte und die ich bei den großen, erfolgreichen Spekulanten und Investoren, bei denen ich lernen und arbeiten durfte, mitgenommen habe. Wenn Sie sich aber die vier oben angesprochenen Qualitäten nicht aneignen, dann nützen Ihnen alle Regeln der Welt nichts!

Kommen wir nun zur Sache und beginnen mit einem Streifzug durch die Geschichte des Terminhandels.

Geschichtliche Entwicklung des Terminhandels

Die Geschichte der Spekulation, und damit auch die des Terminhandels, ist – wie wir ja am Beispiel Josefs von Ägypten bereits gesehen haben – fast so alt wie die Menschheit selbst. Zu jeder Zeit gab es Menschen, denen es scheinbar von Gott gegeben war, traumhaft lukrative Geschäfte zu machen.

Chicago – oder wie alles anfing

Mit Chicago verbindet man landläufig die vielen Geschichten um Al Capone, die Mafia und das organisierte Verbrechen. Gerade deshalb, so meinen manch böse Zungen, haben sich die Termingeschäfte dort etabliert. Das ist natürlich völliger Unsinn, denn damit haben Termingeschäfte überhaupt nichts zu tun. Keine Börse dieser Welt eignet sich aber zur Einführung in die Welt der Termingeschäfte besser, als die Chicago Board of Trade, kurz CBoT genannt. Wie kein anderer Finanzplatz spiegelt die CBoT die Geschichte des Terminhandels wider. Im Jahre 1848 gründeten 82 Chicagoer Kaufleute und Farmer diese Börse, um eine Basis für Handelsgeschäfte mit einem geregelten und organisierten Geschäftsablauf, mit standardisierten Maß- und Mengeneinheiten und festgelegten Qualitätsmerkmalen zu schaffen. Man rief einen Treffpunkt ins Leben, an dem jeder sicher sein konnte, stets eine größtmögliche Anzahl von Käufern und Verkäufern zu finden, was wiederum ein Maximum an Markttransparenz und -liquidität garantierte. Die erste Börse war gegründet.

Aus wirklich kleinsten Anfängen heraus hat sich die CBoT zu einem Dreh- und Angelpunkt der internationalen Hochfinanz und zu einem wichtigen Beschaffungsort für die größten Unternehmen der Welt entwickelt. Chicago war und ist auch heute noch das Zentrum für den gesamten Getreidehandel in den USA. Technische Errungenschaften, wie zum Beispiel große Lagerhäuser und Rangierbahnhöfe, oder die geographisch günstige Lage direkt am Michigansee bildeten die entscheidenden Voraussetzungen dafür. Chicago wurde Mitte des 19. Jahrhunderts zum wichtigsten Umschlagsplatz von Farmern, die ihre Jahresernten dorthin brachten, um sie zu verkaufen. Da es noch keinen Punktmarkt* gab, mussten die Verkäufer von Händler zu Händler ziehen, um den bestmöglichen Verkaufserfolg zu erzielen.

Während der Erntezeiten herrschte naturgemäß ein Überangebot an Waren, das die Preise ins Bodenlose stürzen ließ. In manchen Zeiten wurde nicht verkauftes Getreide tonnenweise in den Michigansee gekippt. Sobald sich aber zu Beginn eines neuen Jahres die Lager abrupt leerten, zogen die Preise drastisch an. Solch starke Preisschwankungen verursachten schon damals heftigen Streit unter

*Der Punktmarkt ist eine Modellannahme aus der Volkswirtschaftslehre. Er bezeichnet die räumliche Konzentration von Angebot und Nachfrage an einem Ort zur gleichen Zeit. Der Punktmarkt ist idealtypisch notwendig, um den Preis einer Ware zu ermitteln.

den Anbietern und Abnehmern und machten nicht selten einen geregelten Ablauf der Geschäfte unmöglich. In dieser Zeit wurde Chicago mit Unmengen von Lieferungen an Getreide der unterschiedlichsten Art aus ganz Amerika überflutet. Als dann auch noch der Michigan-Illinois-Kanal eröffnet wurde und die ersten Schiffe aus Übersee anlegen und noch mehr Waren anliefern konnten, entstand ein ernsthaftes Problem. Man hatte zwar einen Ort geschaffen, an dem sich Angebot und Nachfrage trafen und die Geschäfte auch sofort abgewickelt werden konnten, aber es wurde mit der Zeit unmöglich, die horrenden Preisschwankungen zwischen den einzelnen Lieferterminen zu kontrollieren und auszugleichen. Es bestand ja das Problem des Überangebots zur Erntezeit und der enorm großen Nachfrage in der Zeit danach. Die Preise waren schließlich saisonabhängig! Es musste also ein Instrumentarium geschaffen werden, das die Möglichkeit bot, Kaufverträge zu schließen, die sich auf einen späteren Lieferzeitpunkt bezogen. Nur so konnten die enormen Differenzen zwischen Angebot und Nachfrage kompensiert werden. Die CBoT wurde dann zu einer Börse umfunktioniert, an der alle Marktteilnehmer einheitliche Lieferbedingungen festlegen und Kauf- und Verkaufsverträge für eine spätere Lieferung schließen konnten. Als erstes wurden Menge, Liefertermin sowie -ort, Qualität der Ware und Preis festgelegt.

Der Grundgedanke der Terminbörse hat sich bis in unsere heutige Zeit hinein nicht wesentlich verändert. Noch immer ist sie der Ort, an dem sich Käufer und Verkäufer treffen und Geschäfte abschließen. Die Terminbörse bietet jedem Marktteilnehmer die Gewissheit, zu einem bestimmten Zeitpunkt eine Vielzahl von Kauf- und Verkaufswilligen anzutreffen, und garantiert damit einen Handel zu fairen Bedingungen. Das Gesetz von Angebot und Nachfrage allein bestimmt das Geschehen und das Geschäft.

Die ersten Terminbörsen

Die CBoT ist also die älteste und auch heute noch größte Warenterminbörse der Welt. Natürlich wurden im Laufe der Jahre auch weitere Terminbörsen gegründet. So entstand im Jahr 1870 die New York Cotton Exchange (NYCE). Wie der Name schon sagt, wurde dort fast ausschließlich Baumwolle gehandelt. 1883 wurde ebenfalls in New York die New York Metals Exchange gegründet, aus der die heutige Commodity Exchange Inc. (COMEX) hervorging.

Alle diese Börsen hatte gerade ihren Geschäftsbetrieb aufgenommen, als es auch schon zu unseriösen Machenschaften kam. Wie überall, wo man viel Geld verdienen kann, tummelten sich auch an den Warenterminbörsen einige schwarze Schafe, die durch Betrügereien und Preismanipulationen schnell die gesamte Börse in Verruf brachten und für ein Negativimage sorgten. Eines der herausragenden Beispiele für negatives Image waren die frühen Eisenbahn- und Goldspekulationen von Jim Gould, die auch die bis dahin absolut seriösen Geschäfte in Mitleidenschaft zogen. Heute noch, also Jahrzehnte später, sind diese Manipulationen den Insidern ein Begriff. Den letzten bekannten großen Coup landeten die Gebrüder Hunt im Jahr 1880 mit ihrem gescheiterten Versuch, den Silbermarkt unter ihre Kontrolle zu bringen. Das alles hatte natürlich zur Folge, dass große Teile der Bevölkerung die Warenterminbörse mit negativen Assoziationen in Verbindung brachten. Um die Jahrhundertwende drohte in den USA sogar ein generelles Verbot von Warentermingeschäften, das glücklicherweise nicht durchgesetzt wurde.

Diese negativen Dinge bewirkten aber auch etwas sehr Positives: In den USA erkannte man, dass mit gesetzlichen Regelungen und einer staatlichen Aufsicht viel mehr zu erreichen war, als mit Verboten. So traf man gesetzliche Vorkehrungen, die einen ordentlichen und reibungslosen Ablauf aller Termingeschäfte garantierten. Die wichtigsten davon sind der Commodity Exchange Act, das Warenbörsengesetz von 1936, der Commodity Futures Trading Act, das Gesetz über die Warenterminhandelsbörse von 1974 und – last but not least – der Futures Trading Act von 1978. Damit sind Sicherheit und Seriosität aller Termingeschäfte in den USA gewährleistet.

In England entwickelte sich Ende des 17. Jahrhunderts ein umfangreicher Terminhandel. Wie auch in den USA kam es nach kurzer Zeit zu einigen unseriösen Machenschaften. Im Jahr 1734 wurde auf der Insel der sogenannte Sir John Act in Kraft gesetzt, der viele Arten von Termingeschäften verbot. Dieses Verbot hatte zwar kaum Auswirkungen, blieb aber bis 1860 gültig. Gegen Ende des 19. Jahrhunderts wurden die Baltic Exchange in London sowie der Cotton Exchange Market in Liverpool gegründet. Damit hatten auch in England die ersten Terminbörsen ihre Arbeit aufgenommen. Im Jahr 1877 wurde in London schließlich die London Metal Exchange (LME) gegründet, die neben der CBoT in Chicago und der COMEX in New York auch heute noch zu den größten Metall-Terminbörsen der Welt zählt. An der LME wurden Metalle wie Kupfer, Aluminium, Blei, Zink und Nickel gehandelt, ebenso Optionen darauf. Eine Besonderheit dieser Börse bestand darin, dass sie als einzige der großen Warenterminbörsen kein Clearing House (was das ist, erkläre ich Ihnen an späterer Stelle) besaß, also keine solidarische Haftung gegeben war. Jedes Börsenmitglied haftete damit selbst. Als im Jahr 1985 der Zinnmarkt völlig zusammenbrach, wurde auch der

Handel mit Zinn eingestellt, da die Erfüllung der Verträge nicht durch geeignete Haftungsbestimmungen garantiert werden konnte. Diese Zinnkrise bewirkte eine vollständige Neuorganisation der LME, was wiederum zur Folge hatte, dass seit 1987 alle an der LME abgeschlossenen Geschäfte von einem Clearing House erfasst werden.

In Deutschland nahm der Terminhandel erst sehr spät, im 19. Jahrhundert, einen Umfang an, der die deutschen Terminbörsen international ein wenig in Erscheinung treten ließ. Entgegen der weit verbreiteten Meinung, im deutschen Terminhandel sei die Börse in Frankfurt das Zentrum gewesen, schob sich vielmehr im Laufe des 19. Jahrhunderts die bereits 1685 gegründete Berliner Börse mit ihrem ausgeprägten Getreidehandel in den Mittelpunkt des Geschehens. Vor dem Ersten Weltkrieg war sogar die Hamburger Kaffeeterminbörse nach der New York Coffee, Sugar & Cacao Exchange (NYCSCE) die zweitgrößte Kaffeeterminbörse der Welt. Ende des 19. Jahrhunderts, als die industrielle Revolution in Deutschland einsetzte und der Kapitalbedarf der Unternehmen wuchs, entwickelte sich auch hierzulande ein regelrechtes Spekulationsfieber. Wie in allen anderen Ländern auch zog dies betrügerische Machenschaften magisch an. Preismanipulationen und Firmenzusammenbrüche waren an der Tagesordnung und die Börsen, allen voran die Terminbörsen, gerieten in ein schlechtes Licht. Die damalige Regierung versuchte natürlich, die Folgen der Überspekulation in den Griff zu bekommen, und erließ 1896 das Börsengesetz, welches mit dem nahezu vollständigen Verbot des Getreideterminhandels den heimischen Terminmarkt sehr empfindlich traf. Vor dem Ersten Weltkrieg gab es in Deutschland acht Warenterminbörsen, in Mannheim, Magdeburg, Köln, Leipzig, Hamburg, Bremen, Danzig und Berlin. Sie alle wurden nach dem Ersten Weltkrieg zwar wieder eröffnet, doch aufgrund der Wirtschaftskrise ab dem Ende der 20er-Jahre hatten sie enorme Existenzprobleme. Dies führte zur Schließung der Börsen und damit zur Einstellung des gesamten Terminhandels im Juli 1931.

Während des Nationalsozialismus gab es in Deutschland keinen nennenswerten Handel und erst nach dem Zweiten Weltkrieg wurde im Jahr 1954 die Zuckerterminbörse in Hamburg wieder eröffnet. Zwei Jahre später nahm auch die dortige Kaffeeterminbörse wieder ihre Arbeit auf. Im selben Jahr erfolgte auch die Neueröffnung der Baumwollbörse in Bremen. Im Gegensatz zu den USA und England herrschte in Deutschland nur geringes Interesse an Termingeschäften und es gab auch keine funktionierenden Märkte. Aus diesem Grund wurden diese Börsen in den 70er-Jahren auch wieder geschlossen. Klassischen Terminhandel mit landwirtschaftlichen Produkten kannte man in Deutschland lange Zeit überhaupt nicht.

In den ersten Jahren nach dem Zweiten Weltkrieg konzentrierte man sich vornehmlich auf den Wiederaufbau Deutschlands und anschließend auf die Wirtschaft, wo es galt, wieder ordentliche wirtschaftliche Aktivitäten zu etablieren. Die Börse und die private Geldanlage in Wertpapiere haben die Deutschen erst in den letzten 20 Jahren so richtig für sich entdeckt. Die Emission der Deutschen Telekom war es, die einen regelrechten Börsenboom auslöste und das Thema „Börse" populär machte. Mit der Entstehung des Neuen Marktes, einer Börse, an der sich vorwiegend junge und aufstrebende Unternehmen mit Kapital versorgen konnten, hielten Börsengeschäfte auch bei den privaten Haushalten Einzug. Deutschland ist also, wenn man die Aktivitäten an der Börse als Maßstab nimmt, im Vergleich zu den USA oder auch England eher ein Spätentwickler. Bis zur Gründung der Deutschen Terminbörse im Jahr

1990 gab es hierzulande keinen echten Terminhandel und erst seit 1999, als die Warenterminbörse Hannover ihre Pforten öffnete, sind auch die klassischen Termingeschäfte mit landwirtschaftlichen Produkten in Deutschland möglich. Diese Entwicklung erklärt auch, warum es in Deutschland bis dato eigentlich keine so berühmten und populären Börsenspekulanten gibt, wie beispielsweise in den USA. Das Thema „Termingeschäfte" wurde gerade bei privaten Anlegern erst in den letzten zehn Jahren richtig bekannt, als die Regierung mit dem Finanzmarkt-Fördergesetz die Schranken für Hedgefonds öffnete. Unter dem Begriff „Alternative Investments" erlangten Futures, Optionen, Zertifikate und dergleichen einen halbwegs akzeptablen Bekanntheitsgrad in Deutschland. Deutschland ist aber aus seinem jahrzehntelangen Dornröschenschlaf erwacht und die einheimischen Börsianer und Banker schicken sich an, das Versäumte so schnell wie möglich nachzuholen. Das ist auch dringend notwendig! Gerade vor dem Hintergrund des akuten Problems der gesetzlichen Rentenversicherung ist es wichtig, dass auch Privatanleger die mannigfaltigen Möglichkeiten der Börsen nutzen, um sinnvoll für später Vermögen aufzubauen. Das 21. Jahrhundert kann ohne Übertreibung zu einer Kulisse der Revolution deutscher Börsen und Investoren werden.

Termingeschäfte im 21. Jahrhundert

In den letzten Jahren legte vor allem der Handel an den Terminbörsen ein rasantes Wachstum hin und war das weltweit am schnellsten wachsende Finanzmarktsegment überhaupt. In Zukunft werden Termingeschäfte sicherlich noch viel mehr an Bedeutung gewinnen und sich einen festen Platz in den Investment-Portfolios sichern. Der Grund für dieses rasante Wachstum ist aber keineswegs die wilde Gier der Spekulanten nach immer höheren Profiten, wie es oft fälschlicherweise behauptet wird. Maßgeblich sind vielmehr der Erfindungsreichtum moderner Investmentbanken, der technische Fortschritt und natürlich das Internet. Immer wieder werden neue Finanzmarktprodukte kreiert und in den Terminhandel integriert. Die Kommunikationsmöglichkeiten erlauben es heute jedem Investor, in sekundenschnelle von jedem x-beliebigen Ort dieser Welt an jeder Börse und nahezu rund um die Uhr Transaktionen zu tätigen.

Wenn wir heute von Termingeschäften sprechen, dann deshalb, weil der Begriff „Warentermingeschäfte" schon lange nicht mehr zeitgemäß ist. Wie ich schon gesagt habe, standen beim (Waren-) Terminhandel ursprünglich ausschließlich landwirtschaftliche Produkte im Mittelpunkt der Aktivitäten. Mit diesen Produkten handelten früher überwiegend die Produzenten und die Abnehmer derselben. Zu den Käufern und Verkäufern auf der einen Seite gesellten sich Spekulanten auf der anderen, denen es darum ging, aus den Marktschwankungen und Risiken größtmöglichen Profit zu schlagen. Im Gegensatz zu den Produzenten und Abnehmern wollen Spekulanten die Ware ja nicht tatsächlich zur eigenen Nutzung abnehmen.

Warentermingeschäfte lassen sich ohne Weiteres als Kauf oder Verkauf von „Waren auf Termin mit einer Anzahlung" erklären. Wenn man heute aber allgemein von Termingeschäften spricht, dann sind das in erster Linie die Finanztermingeschäfte. Der Terminhandel mit Waren nimmt nur noch einen relativ kleinen Prozentsatz im gesamten Kontext ein. Termingeschäfte werden mittlerweile mit nahezu allen Produkten des Finanzmarktes getätigt. Neben Aktien, Aktienindizes, Kapital- und Geldmarktprodukten werden auch Währungen bzw. Devisen auf Termin gehandelt. In diesem Bereich ist keiner mehr ernsthaft daran interessiert, das zugrunde liegende Produkt auch tatsächlich abzunehmen oder zu erwerben. Es werden vielmehr Rechte darauf gehandelt und durch Hinterlegung einer Anzahlung bezahlt.

Motive für den modernen Terminhandel

Um die Bedeutung der Termingeschäfte im volkswirtschaftlichen Sinn darzustellen, muss man den Markt aus der Sicht der jeweiligen Teilnehmer betrachten und ihre unterschiedlichen Absichten untersuchen. An allen Terminbörsen gibt es grundsätzlich nur zwei verschiedene Arten von Teilnehmern. Termingeschäfte sind ein essenzielles Instrument, um Risiken zu übertragen und damit für sich selbst einzugrenzen. In diesem Fall spricht man vom sogenannten Sicherungsmotiv. Ein Börsenteilnehmer ist bereit, ein Risiko bewusst zu übernehmen, das ein anderer übertragen will. Dieser Teilnehmer hat ein sogenanntes Spekulationsmotiv. Durch die Vielzahl der zur Verfügung stehenden Produkte und Einsatzmöglichkeiten der Termingeschäfte werden beiden Teilnehmergruppen ausreichend Möglichkeiten geboten, ihre spezifischen Ziele zu erreichen.

Hedging – das Sicherungsmotiv

Preise und Kurse an den weltweiten Finanzmärkten, seien es Aktien- oder Rentenkurse bzw. Indizes, ändern sich ständig und schnell. Die Faktoren, die diese Preise beeinflussen, sind vielschichtig und sorgen nicht selten für stündliche bis minütliche Preis- und Kursschwankungen. Um aber Tage, Wochen oder gar Monate im Voraus bestimmte Preise und Kurse als Kalkulationsgrundlage nutzen zu können, bedienen sich sowohl Unternehmen, vor allem international operierende, als auch Banken und Investmentgesellschaften des modernen Terminhandels. Wie wir später noch detaillierter sehen werden, eignen sich Termingeschäfte ausgezeichnet für das moderne Risikomanagement. Das ist wiederum ein Beweis dafür, dass Termingeschäfte keineswegs unseriös, sondern vielmehr ein modernes Instrument im täglichen Finanzverkehr sind.

Zinsrisiken stellen ein großes Problem in der finanzwirtschaftlichen Kalkulation dar. Betriebswirte unterscheiden zwischen aktivem und passivem Zinsmanagement. Ziel des Aktivmanagements ist es, die Erträge aus der Nutzung von Anlage- und Umlaufvermögen zu steigern, sodass diese einen möglichst großen Beitrag zum Gesamtergebnis leisten. Das Passivmanagement hat die Optimierung der Fremdkapitalpositionen in einem Unternehmen zum Ziel. Der moderne Terminhandel bietet dem Risikomanager eines Unternehmens insbesondere für diese Zwecke vorzügliche Absicherungsmöglichkeiten. Der Faktor Risiko spielt auch in der Praxis der modernen Kapitalanlage eine sehr bedeutende Rolle und wird in der Vermögensverwaltung in direkter Verbindung mit dem Anlageertrag gesehen.

Der Zusammenhang zwischen Risiko und Ertrag ist von großer Bedeutung. Die Modern Portfolio Theory untersucht die Bedingungen, unter denen sich eine möglichst ausgewogene Kombination von Risiko und Ertrag erzielen lässt. Eine solche Ausgewogenheit erreicht man letztendlich nämlich nur durch eine breite Streuung auf möglichst viele Anlagemedien. In der Fachsprache nennt man das Diversifikation. Die Modern Portfolio Theory zeigt auf, wie der einzelne Anleger die unterschiedlichen Anlageprodukte mit wiederum unterschiedlichen Ertragschancen und Risiken optimal kombinieren kann, um seine geplante Wertsteigerung bei kalkulierbarem Risiko zu erreichen. Sehr interessant erscheint bei dieser Betrachtung eine Entdeckung des Harvard-Professors John Lintner. Er wies darauf hin, dass sich der Gesamtertrag eines Investment-Portfolios für einen risikofreudigen Anleger deutlich erhöhen lässt, wenn neben Aktien und festverzinslichen Wertpapieren, also konventionellen Anlageprodukten, dem Portfolio auch alternative Investments beigemischt werden. Zu diesen alternativen Investments gehören natürlich in erster Linie die Produkte des Terminhandels und spezielle Fonds (z. B. Hedgefonds), die eben in diese Produkte investieren.

Damit haben wir nun das eine sehr wichtige Motiv, sich im Terminmarkt zu engagieren, kennengelernt. Bei der Absicherung, dem Hedging, ist der Grundgedanke, sich mittels Terminkontrakten gegen Preis-, Kurs- und Marktrisiken abzusichern. Andererseits versucht man durch die geschickte Integration von Terminkontrakten eine möglichst genaue Kalkulation des Ertragspotenzials zu erreichen. Dies geschieht im Wesentlichen dadurch, dass man die Risiken ganz bewusst auf andere Marktteilnehmer überträgt. Und genau das ist das zweite Motiv für den Terminhandel!

Profit-Trading – das Spekulationsmotiv

Die hier angesprochenen Marktteilnehmer sind die Spekulanten. In Amerika und England nennt man sie kurzerhand „Trader“, also Händler. Dieser Begriff hat sich eingebürgert und beschreibt die Tätigkeit dieser Menschen punktgenau. Der Spekulant und Trader handelt mit Börsenprodukten entweder auf eigene oder auch auf fremde Rechnung. Ihm geht es nicht um die Absicherung irgendeines Risikos. Der Spekulant nimmt das Risiko ganz bewusst in Kauf, in der Absicht, einen möglichst hohen Profit zu erwirtschaften. Der größte Teil des Umsatzes an den Terminbörsen ist auf die Trader zurückzuführen, wobei es sich dabei nicht unbedingt nur um Einzelpersonen handeln muss. Auch Hedgefonds zählt man zur Kategorie Trader. Die großen und berühmten Trader sind es auch, die Börsengeschichte geschrieben haben und noch immer schreiben.

Bisher haben wir den Terminhandel aus der Sicht der Absicherung betrachtet. Dabei wird aber übersehen, dass zu einem Geschäft immer zwei Parteien gehören. Theoretisch können natürlich auch zwei Hedger einen Kontrakt schließen und entgegengesetzte Positionen einnehmen. Einer kauft, der andere verkauft. In der Regel steht einem Hedger aber immer ein Spekulant gegenüber, der dessen Risiko übernimmt und damit auf eine entgegengesetzte Entwicklung der Position hofft. Spekulanten engagieren sich an der Börse nahezu ausschließlich in der Erwartung, ein Geschäft möglichst schnell und mit möglichst hohem Profit abzuschließen. Die Terminbörse ist für Spekulanten natürlich umso reizvoller, denn der beachtliche Hebeleffekt ermöglicht es gerade hier, dieses grundsätzliche Ziel zu erreichen. Top-Investoren und Investmentmanager wie George Soros ergänzen zum Beispiel ihre Aktienstrategien durch Terminkontrakte auf die Entwicklung einzelner Aktien und/oder Indizes und erzielen dadurch mitunter erhebliche Wertzuwächse. Im Widerspruch zur allgemeinen Auffassung, Spekulanten seien windige Spielernaturen, setzen diese äußerst scharf kalkulierenden Manager beileibe nicht alles auf eine Karte. Vielmehr verfolgen sie ausgefeilte Strategien, speziell konzipierte Systeme und ein sehr strenges Risikomanagement, um optimale Ergebnisse zu erzielen. Unter der Vielzahl der Trader und Spekulanten haben sich verschiedene Gruppierungen gebildet. Die einen handeln ausschließlich im Kassamarkt, andere nur im Terminmarkt. Eine dritte Gruppe wiederum handelt sowohl im Kassa- als auch im Terminmarkt.

Fassen wir also auch hier noch einmal kurz zusammen: Spekulanten/Trader übernehmen das Risiko, das Hedger bewusst abgeben und zielen damit auf möglichst schnellen und hohen Profit. Die Trader sind aufgrund ihres Engagements für gut funktionierende Märkte sehr wichtig und sorgen speziell im Terminmarkt für eine stets hohe Liquidität.

Eine wahrhaft teuflische Geschichte

Während meiner Lehrzeit in den USA erzählte mir ein befreundeter Broker die folgende Geschichte, die ich Ihnen – bevor wir richtig in die Materie der Termingeschäfte einsteigen – nicht vorenthalten will. Mein Freund hat damals geschworen, dass es sich um eine wahre Geschichte handelt.

Mein Broker handelte an der Chicago Mercantile Exchange. Wie es der Zufall so will, war eine der Hauptpersonen dieser Geschichte Jahre zuvor bei ihm angestellt. Nachdem der Angestellte einige Zeit für meinen Broker gearbeitet hatte, nahm er eine andere Stelle an und stieg in das Warentermingeschäft ein. Er verließ Chicago und zog an die Westküste. Die neue Brokerfirma war mittelmäßig erfolgreich und machte recht gute Geschäfte. Kunden kamen und gingen. Viele davon erzielten herbe Verluste, warfen das Handtuch und an ihre Stelle traten neue Kunden. Eines Nachmittags, als mein Freund und ein Kollege aus dem Bürofenster sahen, von dem aus man einen direkten Blick auf den Pazifik hatte, kam ihnen eine Idee. Sie unterhielten sich darüber, wie und warum so viele Kunden im Warentermingeschäft Geld verlieren. Über 80 Prozent aller Trades wurden mit Verlust liquidiert. Mit dieser Erkenntnis gaben die beiden ein Inserat in der Zeitung auf und boten an, Auszubildende ohne jegliche Erfahrung für den Terminhandel einzustellen. Nach einigen Vorstellungsgesprächen stellten sie zehn Bewerber ein, die von diesem Geschäft wirklich keine Ahnung hatten und aus ganz anderen Berufen kamen oder arbeitslos waren. Den Neulingen wurde gesagt, sie sollten die ganz normalen, alltäglichen Arbeiten eines Terminmarkt-Brokers erledigen, Kundenkonten betreuen und so weiter. Zusätzlich wollte man ihnen aber eine ganz besondere Chance geben: Für jeden der Neulinge wurde bei der Brokerfirma ein eigenes Konto mit einem Guthaben von 50.000 Dollar eingerichtet, mit dem keine Auflagen oder Erwartungen verbunden waren. Damit sollten sie ein Portfolio mit verschiedenen Terminkontrakten verwalten und eine möglichst gewinnbringende Performance aufweisen. Im Fall eines positiven Ergebnisses würde der jeweilige Verwalter einen großzügigen Bonus erhalten.

Jeder Neuling durfte mit den 50.000-Dollar-Konten nach Belieben Börsengeschäfte tätigen. Allerdings hatte jeder bei der Durchführung eines zu beachten: Im Unterschied zu den anderen Transaktionen, die die Brokerfirma durchführte, musste jede Transaktion der Neulinge über einen der beiden Initiatoren des Versuchs laufen. Sie werden sich jetzt vielleicht wundern, warum erfahrene Broker den zehn Neulingen einfach so je 50.000 Dollar anvertrauten, also insgesamt 500.000 Dollar. Nun, das gehört ja zu dem teuflischen Plan der zwei. Wie ging es nun weiter? Der eine Neue wollte zehn Heizöl-Kontrakte kaufen, ein anderer zehn Rindfleisch-Kontrakte und wieder ein anderer 100 Sojabohnen-Kontrakte. Die beiden Freunde, die sich den Plan ausgedacht hatten, nahmen Kontakt zu den jeweiligen Börsen auf, an dem die „Neuling-Kontrakte" ausgeführt werden sollten. Und sie verkauften zehn Heizöl-Kontrakte, zehn Rindfleisch-Kontrakte, 100 Sojabohnen-Kontrakte und so weiter. Sie taten also genau das Gegenteil von dem, was die Neulinge tun wollten. Dazu ist noch anzumerken, dass die Newcomer lediglich über fiktive Kontengelder verfügten. In Wirklichkeit hatten die Verantwortlichen das Kapital nämlich in die andere Richtung investiert, das heißt in gegenläufige Positionen. Am nächsten Tag wurden dann auch fiktive Positionsberichte an die Neuen verteilt, aus denen sie ihre vermeintlichen Kontostände entnehmen konnten.

Fast 90 Prozent aller Neueinsteiger erleiden bei ihren ersten Trading-Versuchen im Termingeschäft Verluste. So auch hier: Der neue Trader, der die Rindfleisch-Kontrakte gekauft hatte, konnte es nicht mehr mit ansehen, dass sich der Markt für ihn ungünstig entwickelte und bat seine Chefs, die verlustbringenden Positionen zu liquidieren. Für die Chefs war das ein Signal, den Broker an der Börse anzuweisen, die Verkaufspositionen zurückzukaufen und Gewinne mitzunehmen. Am darauf folgenden Tag verzeichnete der fiktive Positionsbericht des Rindfleisch-Spekulanten einen verlustbringenden Trade und sein Bestand von 50.000 Dollar war kleiner geworden. In Wirklichkeit aber erzielten die Chefs mit ihrem Deal saftige Gewinne. Dasselbe passierte mit den Heizöl- und Sojabohnen-Kontrakten.

In der ersten Woche verspielte einer der Neulinge sein gesamtes Guthaben von 50.000 Dollar. Die Chefs zitierten ihn zu sich. Er war sich sicher, dass man ihn nun fristlos entlassen würde und begann zu weinen. Seine Frau hatte doch gerade das erste Kind zur Welt gebracht und er war dringend auf den Job angewiesen. Er würde sich bemühen, besser zu werden, meinte er nur und bat darum, dass man ihn behalten sollte. Was glauben Sie, wie überrascht er war, als man ihn nicht feuerte. Die beiden befreundeten Broker freuten sich schon darauf, sein Konto wieder aufzufüllen, und konnten es gar nicht erwarten, bis er das Büro verließ. Dann brachen Sie in schallendes Gelächter aus. Aufgrund der Tatsache, dass der Newcomer einen fiktiven Verlust gemacht hatte, konnten die beiden Broker indes einen Gewinn von 50.000 Dollar verbuchen. So ließen sie das ganze Spiel eine Zeit lang weiterlaufen. Ein neuer Trader nach dem anderen machte pleite und die beiden Chefs hatten Mühe, ihre Neuen mit fiktiven Kontoauszügen zu versorgen. Sie spielten ihr Spiel aber weiter bis zu jenem Tag, als der große Silber-Deal der Gebrüder Hunt über die Bühne gehen sollte.

Das alles geschah Anfang der 80er-Jahre, also zur gleichen Zeit, als die Hunts versuchten, den Silbermarkt in großem Umfang aufzukaufen. Der Silberpreis stieg bis auf 50 Dollar je Unze und einer der neuen Trader des Brokerhauses verständigte seine Chefs, Kaufpositionen für Silberkontrakte zu eröffnen. Natürlich verkaufte die Firma, anstatt zu kaufen. Allerdings bewegte sich der Silbermarkt eine Zeit lang seitwärts und begann dann zu fallen. In der Zwischenzeit fuhr der neue Trader, der den Silber-Deal veranlasst hatte, für ein paar Tage zu seiner Mutter aufs Land. Ein Baum fiel auf das Haus, das Dach brach ein und unser Newcomer landete bewusstlos im Krankenhaus. Er lag zwei Wochen lang im Koma. Die Chefs in San Diego fragten sich, wo denn ihr Mitarbeiter blieb und wann er wohl seine Verluste realisieren wollte. Zu dieser Zeit gab es noch kein Internet und als die Chefs in Panik gerieten und nach den Kontrakten sahen, erlebten sie eine wahnsinnige Überraschung. An den Börsen durfte Silber nur noch verkauft werden und man erhöhte die Margins. Der Markt stand kurz vor dem bis heute berühmten Zusammenbruch. Doch die beiden Köpfe des teuflischen Plans waren über Nacht reich geworden. Als der Newcomer endlich aus seinem Koma erwachte, verlanget er sofort eine Zeitung. Als er dann las, dass der Silberpreis in den Keller gegangen war, wäre er am liebsten wieder ins Koma verfallen. Kleinlaut rief er bei seinen Chefs an und war sich seiner Entlassung sicher. Zu seiner größten Überraschung dankten ihm seine Chefs und sicherten ihm einen saftigen Bonus zu. Er hatte die Firma vor dem Bankrott gerettet!

Warum ich Ihnen diese Geschichte erzähle? Diese beiden Broker, die heute zu den weltweit größten Terminmarkt-Brokern gehören, nahmen sich dies zu Herzen und begannen damit, systematisch „Leute von der Straße“ auf der ganzen Welt zu rekrutieren und sie zu erfolgreichen Terminhändlern auszubilden. Dies taten sie nach dem alten Strickmuster ihres „teuflischen Spiels“. Denn nur wer am eigenen Leib Verluste erfährt, der lernt, auch Gewinne einzufahren. Zehn Jahre später gehörte auch ich zu diesen Neulingen und habe in den USA durch diese sonderbare Ausbildungsmethode das Geschäft gelernt. Den Terminhandel kann also jeder lernen!

Grundlegende Formen moderner Termingeschäfte

Nachdem ich Ihnen nun eine kleine, wenn auch teuflische, Geschichte erzählt habe, wir uns bereits mit der Historie sowie den Motiven des Terminhandels befasst haben, ist es nun an der Zeit, dass wir uns auch den grundlegenden Formen widmen, das heißt, den Formen, mit denen Termingeschäfte heute abgewickelt werden. Wie wir mehrfach schon feststellen konnten, sind Termingeschäfte wahrhaft nichts Exotisches, sondern eine ganz normale Sparte des täglichen Finanzverkehrs an den internationalen Börsen. Die Aussage mancher Zeitgenossen, Termingeschäfte seien hoch spekulativ und zu risikoreich, ist einseitig und in dieser Form auch nicht korrekt. Es ist vielmehr eine Frage der Interpretation, ob man etwas als hoch spekulativ und besonders riskant auslegt.

Jeder Unternehmer, der ein Geschäft abschließt, muss Risiken eingehen, und ob diese kalkulierbar sind oder nicht, ist fraglich. Das gehört nun einmal zum normalen Geschäftsverkehr dazu. Jeder Boxer, der einen Kampf bestreitet, geht das Risiko ein, ernsthaft verletzt zu werden. Jeder Formel-1-Rennfahrer geht das Risiko ein, einen Unfall zu erleiden und dabei sogar sein Leben zu verlieren. Die Frage ist vielmehr: Wie kalkuliere ich das Risiko, das ich eingehen muss?

In welchem Verhältnis steht es zum potenziellen Erfolg? Wenn Sie heute an der Börse investieren, zum Beispiel in Aktien, dann gehen Sie natürlich auch ein Risiko ein, denn niemand kann und wird Ihnen garantieren, dass das Unternehmen, in das Sie investieren, auch Gewinn macht und dass die entsprechenden Aktien für Sie einen Profit abwerfen. Millionen von Kleininvestoren, die sich an der Börse engagieren, gehen also Risiken ein. Auch das gehört dazu, nur spricht man darüber nicht! Zumindest nicht so, wie über Termingeschäfte.

Kritiker des Terminmarktes argumentieren immer, dass man bei Kassageschäften, also wenn man direkt Wertpapiere in ein Depot kauft, stets einen bleibenden Wert hat und nur minimale Verluste erleiden kann. Im Terminmarkt hingegen, so die Kritiker, besteht immer das Risiko eines Totalverlustes. Auch diese Aussage ist in dieser Form nicht richtig! Ein Beispiel dazu finden Sie in Abbildung 2.1.

Verstehen Sie nun, was ich mit kalkuliertem Risiko meine? Es kommt nämlich immer auf den Standpunkt des Betrachters an und darauf, ob Sie vollständig und richtig rechnen. Sie würden sicherlich dann ein sehr hohes Risiko eingehen und hoch spekulativ handeln, wenn Sie Ihr gesamtes Kapital in Optionen dieser einen Aktie investierten. Dann würde Ihre Investition zum Glücksspiel und Sie sollten nicht mehr kalkulieren, sondern beten! Kein vernünftiger und halbwegs erfahrener Trader tut so etwas. Mein Ziel ist es, Ihnen so viel Grundsätzliches über Termingeschäfte näherzubringen, dass Sie in Zukunft gute Profite mit kalkuliertem Risiko machen und nicht, dass Sie Ihr gesamtes Geld an der Börse verlieren.

Termingeschäfte

Der ursprüngliche Begriff „Warentermingeschäfte" ist – wie bereits ausgeführt – längst nicht mehr zeitgemäß. Unter einem

Abb. 2.1

Risiken und Chancen beim Kassa- und Termingeschäft

Nehmen wir einmal an, Sie und einer Ihrer Bekannten beschließen, jeweils 1.000 Euro in Aktien zu investieren. Ihr Bekannter kauft heute für 1.000 Euro Aktien in ein Depot, macht also ein sogenanntes Kassageschäft. Sie hingegen machen ein Termingeschäft und erwerben Optionen auf dieselben Aktien wie Ihr Bekannter. Dafür bezahlen Sie aber nicht die 1.000 Euro, sondern lediglich den Preis für die Optionen, die 200 Euro kosten. Ihr Bekannter spekuliert darauf, dass der Wert der Aktien steigt. Sie auch! Nun steigen diese Aktien aber nicht, sondern ihr Kurs fällt innerhalb von vier Wochen um 20 Prozent. Ihr Bekannter hat damit 200 Euro verloren. Und Sie? Sie üben diese Option aufgrund des negativen Kursverlaufes natürlich nicht aus und lassen sie verfallen. Sie haben Ihre 200 Euro verloren! Bezogen auf Ihren Einsatz von 200 Euro ist das ein Totalverlust, obwohl Sie dasselbe verloren haben wie Ihr Bekannter, der „nur" 20 Prozent Miese gemacht hat. Wenn Ihr Bekannter seine Aktien, die nun 800 Euro wert sind, verkauft, hat er noch 800 Euro übrig. Sie aber auch! Wenn nun die Aktien in den vier Wochen um 20 Prozent gestiegen wären, dann hätte Ihr Bekannter einen Gewinn von 20 Prozent gemacht – bezogen auf seinen Einsatz. Bezogen auf Ihren Einsatz hätten Sie aber dann 100 Prozent Profit gemacht.

klassischen Termingeschäft versteht man heute den Kauf oder Verkauf eines oder mehrerer Kontrakte über eine bestimmte Ware, deren Erfüllung in der Zukunft liegt. Damit diese Ware mittels eines Termingeschäfts an der Börse gehandelt werden kann, muss sie zwar nicht physisch gegenwärtig sein, aber man sollte sie so exakt bestimmen können, dass sowohl der Käufer als auch der Verkäufer sie genauestens erfassen und spezifizieren können. Aus diesem Grund werden an den Terminbörsen alle handelbaren Waren in sogenannte Kontrakte eingeteilt, die bestimmten Standards genügen müssen. Termingeschäfte sind befristete Geschäfte – daher auch der Name. Beim ursprünglichen Termingeschäft wird ein bestimmter Kontrakt gehandelt, dessen Erfüllungstermin in der Zukunft liegt. Deshalb spricht man auch vom sogenannten Future. Das Besondere am Geschäft mit Futures ist der Einschuss, auch Margin genannt. Man versteht darunter die Nachschusspflicht und den Termindifferenzeinwand, die in Deutschland in den §§ 764, 762 des BGB und in § 53 des Börsengesetzes (BörsG) geregelt sind.

Optionsgeschäfte

Im Gegensatz zum Future, also dem klassischen Termingeschäft, wird beim Optionsgeschäft, dem Kauf oder Verkauf einer Option, kein Kontrakt gehandelt, sondern – wie der Name schon sagt – lediglich die Option darauf. Eine Option verleiht das Recht, nicht aber die Pflicht wie beim Future, den zugrunde liegenden Basiswert zu einem festgelegten Preis innerhalb eines ebenfalls festgelegten Zeitraums zu kaufen oder zu verkaufen. Dieses Recht allein kann selbstständig gehandelt werden. Der vielleicht wichtigste Unterschied zum Future ist der, dass Ihr Verlustrisiko auf die Höhe des Preises für die Option beschränkt bleibt.

Grundlagen der Futures

Einen Futures-Kontrakt definiert man grundsätzlich als einen Kaufvertrag über eine bestimmte Menge einer bestimmten Ware mit einer bestimmten Qualität, der zu einem bestimmten, in der Zukunft liegenden Liefertermin zu einem bereits bei Vertragsabschluss vereinbarten Preis zu erfüllen ist. Alle diese genannten „bestimmten" Dinge sind Gegenstand eines Futures-Kontraktes und standardisiert. Das heißt, jeder der sich auf einen solchen Kontrakt einlässt, kann sich darauf verlassen, dass eben alle wesentlichen Vertragsinhalte gültiger Standard sind. Standardisiert werden zunächst einmal grundsätzlich die Menge der Ware (zum Beispiel zehn Barrel, 100.000 Euro usw.), die Art der Ware (zum Beispiel Rohöl, Sojabohnen, ein Wertpapier, ein Index usw.), die Qualität der Ware (nur bei Rohstoffen) und der Liefertermin sowie Lieferort (zum Beispiel September – frei Board Chicago, Juni – Frankfurt usw.). Der Abschluss des Kontrakts findet an der Terminbörse zum Zeitpunkt „X" statt. Wesentlich ist dabei, dass das rechtliche Erfüllungsgeschäft, also die Erfüllung des Kontrakts (Lieferung und Abnahme der Ware), sowie die Zahlung des vereinbarten Kaufpreises in der Zukunft, Zeitpunkt „Z", liegen. Deshalb ist es ja auch ein „Zunkunftsvertrag", also „Future" (vgl. Abb. 3.1).

Abb. 3.1

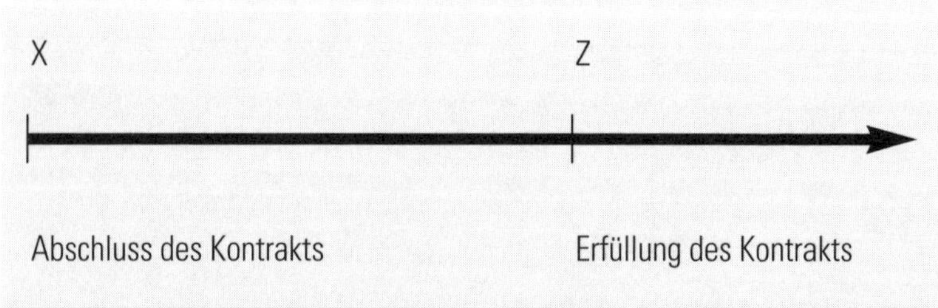

Frei verhandelbar ist bei einem Future lediglich der Preis des Geschäftsgegenstandes bzw. Basiswertes. Unterschieden wird bei Futures grundsätzlich nach Commodity Futures, also klassischen Warenterminkontrakten, und Financial Futures, den modernen und überwiegend gehandelten Finanzterminkontrakten.

Commodity und Financial Futures

Sehen wir uns nun einmal die kleinen, aber feinen Unterschiede zwischen den Commodity und den Financial Futures an.

Commodity Futures

Als **Commodity Futures** werden alle Futures auf Waren und Rohstoffe bezeichnet. Diese werden wiederum in landwirtschaftliche und energiewirtschaftliche Produkte sowie Metalle unterteilt. Die wichtigsten gehandelten Waren sind:

– Landwirtschaftliche Erzeugnisse
Baumwolle, Weizen, Hafer, Mais, Sojabohnen, Sojamehl, Sojaöl, Kaffee, Zucker, Rinderhälften, Schweinebäuche, Orangensaftkonzentrat und Holz

– Energiewirtschaftliche Erzeugnisse
Benzin, Heizöl, Rohöl und bleifreies Benzin

– Metalle
Kupfer, Gold, Platin und Silber

Die wichtigsten Märkte für Commodity Futures sind nach wie vor Chicago, New York und London.

Financial Futures

Als **Financial Futures** werden alle Futures auf Finanzprodukte bezeichnet. Auch bei dieser Gattung nimmt man eine Unterteilung vor, nämlich in die sogenannten Zinsfutures und die Index-Futures:

- Bei den **Zinsfutures** ist der zugrunde liegende Basiswert, also das gehandelte Instrument, in der Regel ein festverzinsliches Wertpapier (Anleihe oder Schuldverschreibung) eines bestimmten Emittenten. Der Käufer erwirbt zum Beispiel eine Bundesanleihe im Wert von 100.000 Euro und verpflichtet sich, dafür einen vorher schon festgelegten Preis/Kurs zu bezahlen. Dieser wird in Punkten/Prozent angegeben.
  Wichtige Vertreter der Zinsfutures sind T-Bond, Euro-Bund, Euro-Bobl, Eurodollar, Japan Bond, Long Glits und Short Sterling.

- Bei **Index-Futures** ist in der Regel keine direkte Lieferung des Basiswertes möglich, da ein Index bekanntlich nur ein abstrakter Wert ist, der die Wertveränderung eines Marktes beziffert. Das kann ein Gesamtmarkt sein (z. B. Deutscher Aktienindex DAX) oder auch ein Warenkorb (z. B. der CRB-Rohstoffindex). Der Differenzbetrag zwischen Terminkurs und Kassakurs zum Zeitpunkt der Vertragserfüllung wird dann in bar ausbezahlt. Der Handel im Indexmarkt nimmt einen sehr großen Anteil am gesamten Financial-Futures-Markt ein, weil damit in idealer Weise und im Vergleich zum Kassageschäft mit geringen Mitteln auf Bewegungen eines gesamten Marktes spekuliert werden kann. Die wichtigsten Vertreter der Index-Futures sind: S&P 500, CRB Index, Dollar Index, Major Market Index, DAX, Dow Jones, Nikkei Index, FTSE 100, NYSE Index.

Long Futures und Short Futures

Die beiden Begriffe „Long“ und „Short“ bestimmen den Grundwortschatz eines Terminmarkthändlers ganz entscheidend. Sie bezeichnen nämlich die grundlegenden Positionen im Markt. Prägen Sie sich diese Begriffe gut ein, denn sie werden Sie Ihr ganzes (Termin-)Börsenleben lang begleiten. Wenn Sie auf steigende Preise/Kurse setzen, dann nehmen Sie eine „Long-Position“ ein oder gehen „long“. Wenn Sie hingegen auf einen Kurs-/Preisverfall setzen, dann nehmen Sie eine „Short-Position“ ein oder gehen „short“ (vgl. Abb. 3.2).

Abb. 3.2

long = kaufen (Strategie bei steigenden Kursen)

short = verkaufen (Strategie bei sinkenden Kursen)

So wie Sie jede handelbare Ware an der Terminbörse kaufen können, so können Sie diese auch verkaufen. Auch wenn Sie sie gar nicht besitzen. Wie das funktionieren soll? Wahrscheinlich haben Sie in Ihrem Keller nicht gerade 100 Rinderhälften gelagert, wenn Sie eine Short-Position darüber eingehen. Zwischen dem Zeitpunkt des Verkaufs und der Lieferung liegt eine bestimmte Zeitspanne. Bis zum Andienungstag (Day of Delivery = Erfüllungstag) können Sie Ihren Kontrakt wieder lösen. Wie das geht? Ganz einfach, Sie kaufen den vorher verkauften Kontrakt vor Ende der Kontraktlaufzeit wieder zurück. Wo hier Ihr Profit liegt, wollen Sie wissen? In der Differenz zwischen Verkaufs- und Kaufpreis. Hierzu ein einfaches Beispiel:

Abb. 3.3

Sie verkaufen ein x-beliebiges Produkt zu einem Preis von 1.000 Euro. Nach vier Wochen kaufen Sie diesen Kontrakt zu 800 Euro wieder zurück. Ihr Profit beträgt 200 Euro. Sie spekulieren damit auf fallende Preise – Sie gehen short!
Oder Sie kaufen einen Kontrakt über 1.000 Schweinebäuche zum Dollar-Gegenwert von beispielsweise 100.000 Dollar. Vor Laufzeitende verkaufen Sie diesen weiter. Auf diese Weise profitieren Sie von der zwischenzeitlich eingetretenen Kurssteigerung.
In einem anderen Fall kaufen Sie im März den Juni-Kontrakt einer bestimmten Ware zu 200 Euro, gehen in dieser Sache also wieder long. Im Mai hat der Kontrakt einen Preis von 250 Euro. Sie verkaufen und realisieren einen Profit von 50 Euro.

Jede Futures-Position, egal ob long oder short, kann durch ein entsprechendes Gegengeschäft wieder gelöst werden. Im Fachjargon nennt man das „glattstellen“. Prägen Sie sich auch diesen Begriff ein. Er ist genauso wichtig wie „long“ und „short“. Weitere Begriffe für das Glattstellen sind „Settlement“, „Closing out“ oder „Reverse Trade“. Die Bezeichnung glattstellen hat sich aber weitgehend eingebürgert. Sagen Sie Ihrem Broker oder Ihrer Bank nie, Sie wollen eine Position „schließen“, denn sonst wird eine zweite Position eröffnet. Sprechen Sie immer von „glattstellen“! Profite werden nicht nur durch Long-Positionen erzielt. Die Wahrscheinlichkeit, dass Preise und Kurse fallen, ist mindestens genauso gegeben. Viele der großen, berühmten Spekulanten haben ihre gigantischen Vermögen nur mit Short-Positionen aufgebaut.

Die rechtliche Position im Markt

Jeder Marktteilnehmer wird an der Terminbörse durch einen Makler oder Broker vertreten. Diese Makler und Broker kaufen und verkaufen aus dem Bestand der „Clearing-Gesellschaften" (dieser Begriff wird später noch genauer erläutert). Nun ist es in der Praxis aber nicht so, dass zwischen zwei Maklern ein Vertrag entsteht. Wie wir später noch besprechen werden, ist das Clearing House als eine neutrale Stelle involviert. Verkauft Broker 1 an Broker 2, dann entstehen in der Praxis zwei verschiedene Verträge: einer zwischen Broker 1 und dem Clearing House und einer zwischen dem Clearing House und Broker 2. Bei jedem Geschäft, das an der Börse geschlossen wird, ist die Clearing-Stelle immer direkter Vertragspartner. Es kommt also niemals zu einem direkten Geschäft zwischen den jeweiligen Mitgliedern. Dieses System garantiert eine hohe Integrität der Börsen. Wenn ein Mitglied einmal ausfallen sollte, dann steht die Clearing-Stelle für die Erfüllung der Verträge gerade. An die Clearing-Mitglieder werden sehr hohe Anforderungen gestellt (siehe auch später im Kapitel zur Eurex). Das garantiert, dass es bei Börsen-Termingeschäften praktisch absolut kein Ausfall- bzw. Bonitätsrisiko gibt.

Die Abrechnungsmodalitäten

An den unterschiedlichen Terminbörsen herrschen unterschiedliche Abrechnungsmodalitäten. Darunter fallen insbesondere die Laufzeiten der einzelnen Kontrakte, die Verfallstage, die Regelungen der Wertstellung, die Lieferung der Basiswerte und auch die Zahlungsabwicklungen.

Der erste wichtige Punkt in diesem Gesamtgefüge ist die Wertstellung, auch Valuta genannt. Bei Termingeschäften hat sich dafür der Begriff „Settlement" eingebürgert. Den Tag der Wertstellung nennt man „Settlement Day". An diesem werden den Marktteilnehmern entweder Zahlungseingänge gutgeschrieben oder Zahlungsausgänge belastet. Im standardisierten Terminhandel erfolgt das Settlement in der Regel täglich. Die Settlement Days sind mit den Handelstagen identisch.

Der nächste wichtige Begriff ist der „Settlement Price". Er wird von der Börse als Abrechnungspreis des jeweiligen Handelstages festgesetzt. Der Settlement Price wird in der Schlussphase einer Börsensitzung aus den gehandelten Kursen errechnet und bildet in der Regel das arithmetische Mittel der Preise.

Sobald Kontrakte erfüllt werden müssen, wenn also der Verkäufer den Basiswert liefert und der Käufer diesen abnehmen muss, dann spricht man von der „Delivery Procedure". Erfüllungsort ist fast immer der Sitz der Börse. Nach dem letzten Handelstag gibt der Broker des Verkäufers die Nachricht aus, dass dieser bereit ist zu liefern. Diese Nachricht nennt man „Notice of intention to deliver". Der erste Tag, an dem die Lieferung möglich ist, heißt „First Notice Day".

In vielen Märkten ist eine tatsächliche Lieferung des Basiswertes, also des Vertragsgegenstandes, überhaupt nicht vorgesehen. So zum Beispiel bei den Index-Futures. In diesen Fällen erfolgt ein sogenannter Barausgleich der Position, den man „Cash Settlement" nennt. Wenn hingegen die Ware auch wirklich geliefert wird, dann überreicht der Verkäufer dem Käufer einen Lagerschein Zug um Zug gegen einen bankbestätigten Scheck.

Margins und Leverages

Nur ein geringer Prozentsatz aller gehandelten Futures-Kontrakte wird auch tatsächlich erfüllt. Aus genau diesem Grund wird heute von Marktteilnehmern auch nur ein kleiner Einschuss verlangt und nicht der gesamte Gegenwert eines Kontraktes in Geld. Diesen Einschuss nennt man Margin. Die Margin ist als zu hinterlegende Sicherheit zu verstehen, um eventuell entstehende zukünftige Verbindlichkeiten abzudecken. Die Clearing-Stelle verlangt von Käufern und Verkäufern von Futures-Kontrakten diese Margin, damit die Erfüllungsbereitschaft aller Marktteilnehmer nachgewiesen ist. Das heißt, wenn Sie sich in einem Futures-Geschäft engagieren, brauchen Sie nicht den gesamten Kontraktwert (z. B. 26.000 Dollar für 1.000 Barrel Rohöl), sondern lediglich einen Bruchteil davon, also die Margin, zu entrichten. Die Höhe dieser Margin ist sehr wesentlich von der Volatilität des Marktpreises für Rohöl abhängig. Die für das Eingehen einer Position benötigte Margin nennt man „Initial Margin" (vgl. Abb. 3.4).

Abb. 3.4

Beispiel

Der Kontraktwert eines Euribor-Futures beträgt beispielsweise 3.000.000 Euro. Nehmen wir an, die Eurex, an der dieser Kontrakt gehandelt wird, verlangt normalerweise in ruhigen Zeiten 3.000 Euro Initial Margin. Wenn es nun zu enorm starken Preisschwankungen kommt, behält sich die Eurex vor, die Margin entsprechend zu erhöhen.

Wenn sich das Geschäft für einen Teilnehmer über einen bestimmten Zeitpunkt hinaus negativ entwickelt, verlangt die Cearing-Stelle einen Nachschuss. Diesen nennt man „Margin Call". Der Margin Call dient zur Auffüllung der hinterlegten Reserven. Die Höhe des Initial Call und die Grenze des Margin Call werden jeweils von der

Clearing-Stelle festgelegt. Ein Broker kann zwar die Margin erhöhen, wenn er die Bonität seines Kunden nicht genau kennt, aber vermindern darf er sie nicht. Wenn die Cearing-Stelle ihre Mitglieder auffordert, eine neue Margin zu hinterlegen, spricht man vom „Variation Call".

Wenn man Ihnen gegenüber einen Margin Call ausspricht, Sie also auffordert, einen Nachschuss zu leisten, dann müssen Sie dieser Aufforderung sofort und ohne Wenn und Aber nachkommen. Tun Sie das nicht, dann ist Ihr Broker berechtigt, alle bestehenden Positionen zu liquidieren, bis Ihr Konto den Level der Initial Margin wieder erreicht. In den USA muss Variation Calls binnen einer Stunde nachgekommen werden.Die Bezeichnungen für die Margin Calls sind nicht an allen Börsen gleich. Informieren Sie sich deshalb vor Aufnahme Ihrer Handelstätigkeiten stets genau, damit Sie vor bösen Überraschungen sicher sind (vgl. Abb. 3.5).

Abb. 3.5

Beispiele für Margins und Margin Calls

Sie gehen im Euro-Bund-Future long, Sie kaufen also einen Euro-Bund-Future. Der Preis beträgt für dieses Rechenbeispiel 100 Punkte. Die Initial Margin legen wir auf 5.000 Euro fest, die Maintenance auf 4.500 Euro. Der aktuelle Kontostand Ihres Beispiel-Kontos lautet:

03.07.2006: Kontostand 5.000 Euro

Gehen wir davon aus, der Abrechnungspreis steigt auf 100,10 Punkte. Das entspricht einer Kursänderung von zehn Basispunkten, also 100 Euro ➤

(wenn ein Basispunkt beim Euro-Bund-Future zehn Euro entspricht). Ihr Marginkonto verändert sich also wie folgt:

04.07.2006: alter Kontostand 5.000 Euro
04.07.2006: Gewinn 100 Euro
04.07.2006: neuer Kontostand 5.100 Euro

Am nächsten Tag schließt der Bund-Future bei 99,70 Punkten. Ausgehend vom Basispreis wäre das ein Kursverfall um 30 Punkte, also 300 Euro. Nun verändert sich Ihr Kontostand wie folgt:

05.07.2006: alter Kontostand 5.100 Euro
05.07.2006: Verlust 300 Euro
05.07.2006: neuer Kontostand 4.800 Euro

Am Folgetag fällt nun der Kurs des Bund-Future um weitere 60 Basispunkte auf 99,10 und damit verändert sich wiederum Ihr Konto:

06.07.2006: alter Kontostand 4.800 Euro
06.07.2006: Verlust 600 Euro
06.07.2006: neuer Kontostand 4.200 Euro

Jetzt hat Ihr Kontostand die Maintenance von 4.500 Euro unterschritten und es wird ein Margin Call von 800 Euro ausgesprochen, damit die volle Margin von 5.000 Euro wieder erreicht wird.

So läuft im Prinzip das Geschäft mit den Futures ab und wenn Sie sich das einmal ganz genau ansehen, fällt Ihnen bestimmt etwas auf: Mit einem relativ geringen Kapitaleinsatz können Sie in diesem Geschäft verhältnismäßig hohe Gewinne, aber auch Verluste, machen. Mit nur 5.000 Euro Einsatz bewegen Sie einen Kontraktwert von 100.000 Euro. Wenn der Future in unserem Beispiel nur um 50 Basispunkte an einem Tag steigt, was wirklich nicht selten ist, gewinnt Ihr gesamtes Engagement bereits 500 Euro, also zehn Prozent bezogen auf Ihren Einsatz. Man nennt dies auch den „Hebeleffekt" oder „Leverage-Effekt". Dieser kann aber wie bereits gesagt auch zu hohen Verlusten führen. Das ist auch der Grund, warum es enorm wichtig ist, bei Termingeschäften immer sehr scharf zu kalkulieren. Einer Profitchance von 100 Prozent steht leider auch das Verlustrisiko von 100 Prozent gegenüber. Lassen Sie sich deswegen aber bitte nicht entmutigen. Auch ein Jesse Livermore hat in seiner ruhmreichen Spekulantenkarriere oft Unsummen an Profiten in kürzester Zeit erwirtschaftet, aber ebenso Verluste eingefahren. Verluste gehören nun einmal zum Terminhandel dazu und man muss wie die großen Börsenstars lernen, mit ihnen richtig umzugehen. Die große Kunst besteht darin, Verluste in Grenzen zu halten und Gewinne laufen zu lassen. Aber keine Sorge, das alles werden Sie in diesem Buch lernen.

Futures-Preise

Ein Preis verändert sich bekanntlich aufgrund von Angebot und Nachfrage. Nirgendwo anders als an der Börse gilt dieser Grundsatz uneingeschränkt und nachhaltig. Damit man einen Preis schätzen kann, ist es notwendig, eine grundlegende Bewertung von Angebot und Nachfrage vorzunehmen. Viele Faktoren, Daten, Fakten, Parameter, Nachrichten, Trends und auch politische Veränderungen (denken Sie nur an die Iran-Krise und deren Auswirkungen auf den Ölpreis) beeinflussen die Preise entscheidend. Doch den primären Einfluss haben natürlich Angebot und Nachfrage. Deren genaue Beobachtung und Analyse hat eine primäre Bedeutung für den Terminhandel.

Sekundäre Auswirkungen haben beispielsweise politische Einflüsse, Konjunkturdaten aber auch klimatische Veränderungen in der Landwirtschaft. Alle diese Faktoren beeinflussen das Verhalten der Marktteilnehmer und wirken sich damit auch auf Angebot und Nachfrage aus. Es gilt, sie genauso zu beobachten und zu analysieren, denn sie haben als wirtschaftliche Rahmenbedingungen eine nicht zu unterschätzende Bedeutung.

Klimatische Bedingungen und ihr Einfluss auf die Terminmarktpreise

Angenommen, es wird ein langer und heißer Sommer vorausgesagt. Auf welche Terminmarktprodukte könnte sich das auswirken?

- Die Preise für Heizöl fallen aufgrund schwacher Nachfrage. In diesem Fall geht man am besten in Öl-Futures short.
- Die Erträge der Ölgesellschaften stagnieren und deren Aktienkurse fallen. Dies nutzt man idealerweise durch Verkaufsoptionen solcher Gesellschaften.
- Die Getreideernte wird vermutlich durch eine Dürre beeinträchtigt, das Angebot an Getreide sinkt, was steigende Preise zur Folge haben kann. Das ist ein Zeitpunkt für Long-Futures im Getreide.

Sie sehen also, wie sich auch sekundäre Faktoren auf die Terminpreise auswirken können. Die Kette solcher Beispiele ließe sich noch lange so fortführen und ergänzen. Man denke nur an politische und zinspolitische Veränderungen und ihre Auswirkungen auf die Zins- und Aktienkurse. Solche Ereignisse dürfen Sie weder über- noch unterbewerten. Vielmehr gilt es, stets ein wachsames Auge darauf zu werfen und immer schnell zu reagieren.

Bis zu diesem Zeitpunkt haben wir Preise besprochen, die sich auf die sofortige Lieferung der Ware bezogen haben. Diese Preise nennt man deshalb auch „Kassa- oder Spotpreise". Der effektive Futures-Preis ist aber der, welcher für ein bestimmtes Produkt in der Zukunft bezahlt werden muss. Neben dem Kassapreis gibt es natürlich auch andere Faktoren, die den Futures-Preis bestimmen:

– Lagerkosten für bestimmte Produkte
– Zinsen und andere Fremdkapitalkosten
– eventuell zu zahlende Versicherungsprämien

Diese Preisfaktoren sind effektive Kosten und werden als „Cost of Carry" oder „Carrying Charges" bezeichnet. Die Differenz zwischen Kassapreis und Futures-Preis wird als Basis bezeichnet.

Gegen Ende der Laufzeit eines Futures, unmittelbar vor der Andienung, strebt der Futures-Preis gegen des Kassapreis, da die Costs of Carry in der Regel fallen. Normalerweise ist der Futures-Preis immer höher als der Kassapreis, da Waren bekanntlich eingelagert werden müssen. Eine Ausnahme ist das Rohöl (Crude Oil). Aufgrund der späteren Förderung werden Lager- und Versicherungskosten gespart. In einem solchen Fall, der auch für andere Produkte gilt, spricht man von einem „Inverted" oder einem „Inversion Market". Wenn der entfernte Termin teurer ist als der nahe, was bei der Mehrheit aller Waren auch der Fall ist, dann spricht man vom normalen

Markt. Es gibt eine sogenannte „positive Basis“ (Futures-Preis > Kassakurs) und eine „negative Basis“ (Futures-Preis < Kassakurs).

Im Umgang mit Futures werden Sie stets auch mit den Begriffen Tick, Stelle und Pips konfrontiert werden (vgl. Abb. 3.6).

Abb. 3.6

Tick = die kleinstmögliche Preisschwankung in einem Kontrakt. Man spricht auch vom Basispunkt.

Pip = ein Synonym für Stelle und wird hauptsächlich im Devisenhandel verwendet.

Devisenkurse

Alle auf ausländische Währung lautenden Forderungen werden als Devisen bezeichnet und sind kein Bargeld. Banknoten und Münzgeld in ausländischer Währung bezeichnet man als Sorten. Der Devisenkurs beziffert das Austauschverhältnis zwischen zwei Währungen. Wenn der Kurs des Dollars beispielsweise auf 1,20 Euro lautet, dann bedeutet das, dass man für einen Dollar 1,20 Euro bezahlen muss. Als Devisen-Briefkurs bezeichnet man den Kurs, zu dem ein Kunde von seiner Bank Devisen kauft. Der Kurs, zu dem die Bank Devisen vom Kunden kauft, nennt man Devisen-Geldkurs. Das arithmetische Mittel zwischen Brief- und Geldkurs nennt man Mittelkurs.

Preisangaben für Futures

In den großen, überregionalen Tages- und Wirtschaftszeitungen ist es üblich, die Preisindikatoren für Futures tabellarisch darzustellen.

Die nachfolgende Tabelle (Abb. 3.7) zeigt beispielhaft die Futures-Kontrakte für die DAX-Futures der Monate März, Juni und September, wobei die Preise fiktiv sind.

Die Schlusskurse weisen feine Unterschiede zum Settlement-Preis auf. Der Umsatz gibt die Zahl der Kontrakte an, die an einem Tag gehandelt wurden. Im Englischen nennt man diese Umsätze auch „Trading Volume". Die Position „offene Kontrakte" gibt die Anzahl der noch nicht glattgestellten Kontrakte an. Jeder Long-Position steht – wie wir wissen – jeweils auch eine Short-Position gegenüber. Die offenen Kontrakte werden wie folgt errechnet:

- Summe aller offenen Short-Positionen plus Summe aller offenen Long-Positionen
- Bei Glattstellung von Positionen vermindert sich die Anzahl jeweils um eins.

Abb. 3.7

Preisindikatoren für den DAX-Future

Datum	Eröff-nung	Hoch	Tief	Schluss	Settle-ment	Vortag	Umsatz	offene Kontrakte
März	6.779,0	6.798,5	6.738,0	6.755,0	6.755,0	6.802,50	36.798	176.078
Juni	6.830,0	6.849,0	6.804,0	6.805,0	6.810,0	6.858,00	1.564	26.566
Sept.	6.908,0	6.908,0	6.908,0	6.908,0	6.888,5	6.928,00	2	975

Gesamtumsatz: 39.354 / offene Kontrakte zur Eröffnung: 1.946.628

Die offenen Kontrakte sind auch eine Kennziffer, die jeweils über die gesamte Kontraktlaufzeit berechnet wird. Der englische Ausdruck „Open Interest“ hat sich als fester Begriff in der Börsenlandschaft eingebürgert. Der Umsatz bezieht sich stets auf nur einen Handelstag. Da bekanntlich die meisten Kontrakte glattgestellt werden, wird das Open Interest auch als ein Indikator für zukünftige Umsatzentwicklungen herangezogen. Viele Technische Analysten stellen eine Beziehung zwischen dem Preis, dem Umsatz und dem Open Interest her und erstellen daraus auf der Basis von erfahrungswerten Preisprognosen. Wenn zum Beispiel die Preise bei gleichzeitiger Abschwächung des Umsatzes und des Open Interests fallen, dann ist es wahrscheinlich, dass eine Baisse bevorsteht. Bei Technischen Analysten ist auch die Theorie der entgegengesetzten Meinung sehr populär. Diese geht davon aus, dass die Masse der Anleger falschliegt. Unter ganz bestimmten Voraussetzungen kann man aus den Werten des Umsatzes und des Open Interests einen über- oder unterbewerteten Markt ableiten.

Preislimits

Bei vielen Futures-Preisen gibt es eine Begrenzung für den Tagespreis, das sogenannte „Daily Price Limit“. Dieses Limit legt die Maximal-Schwankungsbreite fest, die nicht überschritten werden darf. Man spricht vom „Limit-up“, wenn nur noch Geschäfte zum aktuellen oder zu einem niedrigeren Preis, vom „Limit-down“, wenn Geschäfte nur noch zum aktuellen oder zu einem höheren Preis getätigt werden können.

An manchen Börsen gibt es auch variable Preislimits. Wenn ein Kontrakt drei Monate lang Limit-up oder Limit-down schließt, setzt dieses variable System ein. Das neue Limit beträgt dann beispielsweise

Abb. 3.8

Beipsiel: Preislimit im Futures-Markt

Nehmen wir den Euro-Bund-Future, der einen aktuellen Kurs von 95,50 Punkten hat. Das Limit-up liegt bei 96,10, das Limit-down bei 94,90 Punkten.

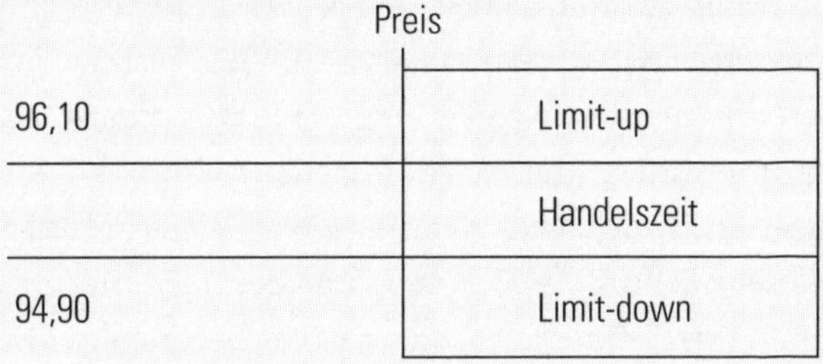

150 Prozent des vorangegangenen und auch die Margin erhöht sich um 150 Prozent (vgl. Abb. 3.8).

Kontraktspezifikationen

Im täglichen Handelsgeschäft ist es ungeheuer wichtig, dass ein Händler seine Position genau kennt und stets einen exakten Überblick behält. Dazu wurden Kontraktspezifikationen eingeführt, die genau dies ermöglichen. Keiner kann alle handelbaren Instrumente mit all ihren Spezifikationen genau kennen. Börsen und deren Mitglieder, wie Banken, Broker und Börsenmakler, erstellen aus diesem Grund Übersichten für die einzelnen Kontrakte, die folgende Daten enthalten:

- Name des Kontrakts (Contract)
- Börse, an der er gehandelt wird (Exchange)

- Kontraktgröße (Contract Size), zum Beipsiel 100.000 Euro
- tägliche Handelszeiten (Local Trading Hours)
- Wert eines Ticks, der kleinsten Preisschwankung des Kontrakts (Minimum Price Fluctuation)
- maximale Tagesbewegung (Daily Price Limit)

In der Praxis ist das Berechnungs- und Kalkulationsschema aber bei allen Kontrakten nahezu identisch. Es spielt keine Rolle, ob Sie mit einem Kontrakt Gewinn oder Verlust machen. Bei Ihrer eigenen Gewinn- und Verlustrechnung müssen Sie nur Ihre Margin-Leistung immer mit einbeziehen. Sie ist die Bezugsgröße für Gewinn und Verlust. Das Ergebnis lässt sich mit der folgenden Formel (Abb. 3.9) errechnen:

Abb. 3.9

(Ergebnis x 100) : Margin = effektives Ergebnis in Prozent

An dieser Stelle gleich ein Tipp: Die Kalkulation von Futures-Preisen sollten Sie gründlich und aus dem Stand heraus beherrschen. Nehmen Sie eine der großen Zeitungen zur Hand, suchen Sie sich ein paar Futures aus, fragen Sie Ihren Broker nach den Margins und rechnen Sie auf dem Papier individuelle, fiktive Trades aus. Üben Sie das immer wieder, bis es in Fleisch und Blut übergegangen ist.

Nun haben Sie die Grundlagen der Futures kennengelernt und ich bin mir sicher, dass Sie bereits der Faszination dieser Anlageform erlegen sind. Bedenken Sie aber immer, dass in dieser Hebelwirkung auch große Gefahren liegen, wenn sich der Markt nicht so entwickelt, wie Sie es sich wünschen. Wer sich im Handel mit Futures betätigt, der muss sich dieser Gefahren auch bewusst sein – so wie der Boxer, der in den Ring steigt.

Abb. 3.10

Beispiel: Kontraktberechnung bei einem DAX-Future

Contract	Exchange	Contract Size	Minimum Fluctuation
DAX-Future	Eurex	25 Euro/Indexpunkt	0,5 Pkt./12,50 Euro

Rechenbeispiel:
Aktueller DAX-Wert im Kontrakt: 5.000 Punkte.
Sie gehen 20 September-DAX-Futures long und stellen bei 5.020 Punkten glatt.

Der Wert von 20 DAX-Kontrakten errechnet sich wie folgt:
(5.000 x 25) x 20 = 2.500.000 Euro

Der Index-Anstieg errechnet sich wie folgt:
5.020 - 5.000 = 20 Punkte

Die Höhe der minimalen Schwankung beträgt:
0,5 Punkte oder 12,50 Euro im Kontrakt

Der Gewinn pro Kontrakt beträgt:
40 x 12,50 = 500 Euro

Der Gesamtprofit dieser Position beträgt:
500 x 20 = 10.000 Euro

Wenn Sie mit dem Futures-Handel beginnen, machen Sie nicht den Fehler, gleich alles auf einmal handeln zu wollen. Das macht keinen Sinn! Sie werden sehr schnell den Überblick verlieren. Niemand kann alle Märkte zur gleichen Zeit handeln und analysieren. Hüten Sie sich auch vor dem Fehler, Positionen aufgrund eines „heißen Tipps“ einzugehen. Jesse Livermore, der König der Spekulanten, hat in seinem Buch eindrucksvoll geschildert, was von heißen Tipps an der Börse zu halten ist. Nämlich gar nichts! Die Wall Street hat für Trader, die aufgrund von heißen Tipps handeln, einen speziellen Namen kreiert: „Kids of Death“, Kinder des Todes.

Grundlagen der Optionen

Optionen und Optionsscheine (Warrants) haben die internationalen Finanzmärkte in den letzten Jahren regelrecht im Sturm erobert und nehmen als spekulative Anlagemöglichkeit vor allem im Aktienmarkt eine Favoritenstellung ein.

Basismerkmale einer Option

Anders als bei den Futures kann man sich unter einer Option bereits etwas Konkretes vorstellen. Eine Option ist im juristischen Sinne das Recht auf etwas. Es bezieht sich auf eine bestimmte Menge, einen bestimmten Basiswert (Aktie, Ware, Metall, Indexstand o. Ä.), einen bestimmten Zeitraum und darauf, das Objekt der Begierde zu kaufen oder zu verkaufen. Parallelen zum Future sind also vorhanden. Während Sie jedoch bei einem Future einen verbindlichen Vertrag eingehen, der erfüllt werden muss, kaufen Sie mit der Option lediglich das Recht, ein Objekt zu einem bestimmten Preis an einem bestimmten Termin entweder kaufen oder verkaufen zu können.

Eine Option ist damit also ein zeitlich begrenzter Vertrag zwischen zwei Partnern, der für den Käufer das Recht und für den Verkäufer die Pflicht zum Inhalt hat, eine bestimmte Menge eines Objekts zu einem fest vereinbarten Preis zu beziehen oder zu veräußern. Während dem Käufer einer Option bei einer Kaufoption (Call-Option) das Recht zum Kauf bzw. bei einer Verkaufsoption (Put-Option) das Recht zum Verkauf des entsprechenden Objekts zusteht, übernimmt der Verkäufer dieser Option die Pflicht zur Lieferung bzw. zur Abnahme des Objekts. Für die Übernahme dieser Verpflichtung verlangt der Optionsverkäufer (Stillhalter) vom Optionskäufer einen Preis. Diesen nennet man „Optionsprämie“. Optionen sind auf verschiedene Objekte möglich. Das Objekt der Begierde nennt man

Basiswert. Wie auch bei Futures lassen sich Optionen in unterschiedliche Kategorien einteilen. Zum Beispiel Optionen auf Wertpapiere, Indizes, Waren und Währungen. Das in der Option verbriefte Recht auf Kauf oder Verkauf eines Basiswertes ist zeitlich limitiert und verfällt an einem festgelegten Termin, dem Verfallstag. Man unterscheidet weiterhin, ob eine Option nur am Ende der Laufzeit ausgeübt werden kann (europäische Art) oder zu jedem x-beliebigem Zeitpunkt (amerikanische Art).

Standardisierung

Die Standardisierung der Produkte ist das wichtigste Merkmal der Terminbörsen und verleiht dem Markt Funktionsfähigkeit, Transparenz und Liquidität. Dies gilt für Optionsmärkte genauso wie für Futures-Märkte. Im Detail zeichnet sich eine Option dadurch aus, dass sie den Vertragspartnern das Recht einräumt bzw. die Pflicht auferlegt,

- eine bestimmte Anzahl
- einer bestimmten Ware
- an (europäisch) oder bis zu (amerikanisch) einem bestimmten Termin
- zu einem vorher definierten Preis
- zu kaufen (Call-Option) bzw. zu verkaufen (Put-Option),
- wobei für die Gewährung dieses Rechts ein Preis zu zahlen ist.

Die kleinste, handelbare Einheit ist eine Option. Sie wird von den einzelnen Optionsbörsen festgelegt und gilt grundsätzlich für alle an dieser Börse gehandelten Optionen. Auch die Verfallstermine von börsengängigen Optionen unterliegen der Standardisierung.

Meist ist der letzte Handelstag der dritte Freitag eines Verfallsmonats, sofern dieser ein Börsentag ist. Andernfalls gilt der davor liegende Börsentag. Nun ist es aber keineswegs so, dass Optionsgeschäfte mit beliebigem Verfallsmonat abgeschlossen werden können. Auch die am Abschlusstag zur Verfügung stehenden Verfallsmonate sind standardisiert und richten sich nach genau festgelegten Zyklen. Eurex-Aktienoptionen auf deutsche Titel werden zum Beispiel gemäß ihren Verfallsmonaten in drei Kategorien unterteilt (vgl. Abb. 4.1):

Abb. 4.1

Gruppe A	Gruppe B	Gruppe C
1, 2, 3, 6 und 9 Monate	1, 2, 3, 6, 9 und 12 Monate	1, 2, 3, 6, 9, 12, 18 und 24 Monate

Der Preis, zu dem der Inhaber einer Call-Option die Basiswerte kaufen bzw. verkaufen kann, wird als Basispreis bezeichnet. Es kann nicht jeder Preis gehandelt werden! Vielmehr gibt es für die Basispreise eine Staffelung in Abhängigkeit vom Kassakurs. Der einzige Punkt, der nicht standardisiert ist, ist der Preis für die Option, der Optionspreis (auch Optionsprämie oder Premium genannt). Doch

Abb. 4.2

Beispiel:

Der Wert des XY-Calls auf eine Aktie wird mit zehn Euro angegeben und kostet effektiv: 10 Euro x 50 Stück Aktien = 500 Euro.

auch hier gibt es eine Einschränkung. So ist meist die zweite Stelle hinter dem Komma von der Börse limitiert. Der Optionspreis wird mit der Anzahl des Basiswertes multipliziert (vgl. Abb. 4.2).

Alle Optionen, die sich auf denselben Basiswert beziehen, bezeichnet man als eine Optionsklasse. Optionen derselben Klasse, vom gleichen Typ, mit gleicher Basis und gleichem Verfallsdatum nennt man Optionsserie.

Aufgrund der Standardisierung und damit der Börsensgängigkeit von Optionen sind die Ausübung bzw. der Verfall nicht die einzigen Möglichkeiten, sich aus einer Option zu lösen. Man kann diese auch während ihrer Laufzeit problemlos veräußern.

Basiswerte

Optionen gibt es heute auf nahezu alle Finanzmarktprodukte. An der Eurex werden beispielsweise Optionen auf alle wichtigen europäischen Aktien angeboten. Selbstverständlich können Sie auch Optionen auf US-Aktien kaufen. Die wichtigste Börse für US-Aktienoptionen ist die Chicago Board Options Exchange (CBOE), die 1973 gegründet wurde und auch heute noch die größte Optionsbörse der Welt darstellt. Neben Optionen auf Aktien können Sie natürlich auch Optionen auf Aktien-Indizes handeln. Da bei Index-Optionen eine tatsächliche Lieferung in der Praxis zu kompliziert wäre, bedient man sich des Cash Settlements, das heißt, Sie bekommen bei Ausübung der Option die entsprechende Differenz in bar verrechnet. Neben dem Aktienmarkt sind die Kapital- und Geldmarktprodukte Gegenstand vieler Optionen. Im Gegensatz zur Aktienoption erhält man in der Regel bei Ausübung aber nicht die effektiven Wertpapiere, sondern einen zugrunde liegenden Futures-Kontrakt. Waren, Metalle und Rohstoffe hingegen sind Gegenstand vieler US-Optionen

(Commodity Options). Wie bei Optionen auf Kapital- und Geldmarktprodukte erhält man bei Ausübung nicht die effektiven Waren, sondern meistens einen zugrunde liegenden Futures-Kontrakt.

Grundpositionen im Optionsgeschäft

Beim Handel mit Futures steht „long“ für Kaufen und „short“ für Verkaufen. Bei Optionen hingegen stehen vier grundlegende Positionen zur Verfügung:

- Long Call: Kauf einer Kaufoption
- Short Call: Verkauf einer Kaufoption
- Long Put: Kauf einer Verkaufsoption
- Short Put: Verkauf einer Verkaufsoption

Long Call (Kauf einer Kaufoption)

Beim Long Call erwirbt der Käufer das Recht zum Bezug eines bestimmten Basiswertes zu einem fest vereinbarten Basispreis innerhalb der Optionslaufzeit. Der Käufer profitiert von steigenden Kursen, da er das Recht hat, zu einem festgelegtem Kurs zu kaufen. Für ihn sind drei verschiedene Szenarien denkbar:

1. Der Kurs des Basiswertes verändert sich nicht oder nur geringfügig. Die Option wird am Verfallstag wertlos. Die gezahlte Optionsprämie zuzüglich Transaktionskosten ist hierbei der Verlust. Das gilt auch, wenn der Kurs des Basiswertes unter dem Basispreis bleibt oder weiter sinkt. Die Option verfällt dann ebenfalls wertlos.
2. Der Kurs des Basiswertes steigt um denselben Betrag wie die Optionsprämie. An diesem Punkt wird die Gewinnschwelle (Break-even-Point) erreicht.

3. Der Kurs des Basiswertes steigt über die Gewinnschwelle, liegt also höher als die Summe von Basiswert und Optionsprämie. Die Option wird mit Gewinn ausgeübt.

Theoretisch ist die Profitmöglichkeit bei einer Long-Call-Position nach oben hin offen, da der Kurs unendlich steigen kann. Theoretisch! Der mögliche Verlust bleibt aber auf die gezahlte Optionsprämie zuzüglich der Transaktionskosten begrenzt. Dies ist einer der wichtigsten Unterschiede zwischen Optionen und Futures. Es gibt keine Nachschusspflicht und damit bleibt das Verlustrisiko kalkulierbar.

Abb. 4.3

Praxis-Tipp:
Grundsätzlich zieht man Long Calls dann in Betracht, wenn man von steigenden Kursen und starken Märkten ausgehen kann. Aufgrund der niedrigen Kapitalanforderungen, des begrenzten Risikos und der Hebelwirkung eignet sich der Long Call hervorragend für kurzfristige Spekulationen auf steigende Kurse. Vor allem im Aktienmarkt!

Short Call (Verkauf einer Kaufoption)

Der Verkäufer (Stillhalter) verkauft das Recht zum Kauf eines bestimmten Basiswertes innerhalb einer bestimmten Laufzeit zu einem festgelegten Basispreis. Als Vergütung für dieses Recht erhält er die Optionsprämie. Der Verkäufer hat aber kein Recht auf Lieferung, sondern die Verpflichtung, auf Anordnung durch den Optionskäufer den Basiswert zum vereinbarten Preis zu liefern.

Auch für ihn sind drei Szenarien möglich:

1. Der Kurs bleibt unverändert oder sinkt. Für den Verkäufer entsteht damit ein Gewinn in Höhe der vereinnahmten Optionsprämie, da die Option vom Käufer nicht ausgeübt wird.
2. Der Kurs steigt bis zum Basispreis zuzüglich Optionsprämie und damit ist die Gewinnschwelle erreicht.
3. Der Kurs steigt über die Gewinnschwelle. Der Verkäufer erwirtschaftet einen Verlust, da er jetzt verpflichtet ist, den Basiswert zum vereinbarten Basispreis zu liefern, obwohl dieser niedriger als der aktuelle Kurs ist. Der Verlust wird aber durch die vereinnahmte Optionsprämie gemindert.

Für den Optionsverkäufer ist das Verlustrisiko theoretisch unbegrenzt, da der Kurs des Basiswertes ins Unendliche steigen kann und er zu einem bestimmten Preis liefern muss. Wenn er zudem den Basiswert gar nicht besitzt, seine Position damit nicht abgedeckt ist, muss er diesen zu einem höheren Kurs erst kaufen, um

Abb. 4.4

Praxis-Tipp:
Der Verkäufer einer Kauf-Option ist naturgemäß an fallenden Kursen und schwachen Märkten interessiert. Durch den Verkauf eines Calls kann er die Rendite seine Depots in Kursschwachen Zeiten erhöhen. Wegen des unbegrenzten Verlustpotenzials ist die ungedeckte Short-Call-Position nicht für jeden zu empfehlen, denn die Verlustrisiken sind mit denen der Futures vergleichbar.

ihn dann zu einem niedrigeren Kurs wieder abzugeben. Besitzt er den Basiswert, dann kann er auch liefern. Sein Verlust wäre in diesem Fall rein hypothetischer Natur, da ihm ein möglicher Kursgewinn durch Erfüllung seiner Optionsverpflichtung entgeht. Das Gewinnpotenzial ist hier immer auf die vereinnahmte Optionsprämie begrenzt (vgl. Abb. 4.4).

Long Put (Kauf einer Verkaufsoption)

Beim Long Put erwirbt der Optionskäufer das Recht, einen bestimmten Basiswert innerhalb der Optionslaufzeit zu einem festgelegtem Basispreis zu verkaufen. Der Käufer eines Puts erwartet fallende Kurse, da er ja das Recht erwirbt, zu einem bestimmten Kurs verkaufen zu können. Er spekuliert darauf, dass der aktuelle Kurs unter den Basispreis sinkt. Die drei Szenarien sehen hier wie folgt aus:

1. Der Kurs bleibt unverändert, die Option wird wertlos und verfällt am Ende der Laufzeit. Sie ist ebenfalls wertlos, wenn der Kurs des Basiswertes steigt. In beiden Fällen wird ein Totalverlust in Höhe der gezahlten Prämie zuzüglich Gebühren verursacht.
2. Der Kurs des Basiswertes fällt um denselben Betrag wie die Optionsprämie. Damit ist der Break-even-Point erreicht.
3. Der Kurs des Basiswertes fällt über die Gewinnschwelle hinaus und damit liegt die Position im Gewinn.

Die Gewinnmöglichkeiten sind auch hier begrenzt, da der Preis des Basiswertes lediglich auf null sinken kann. Das Gewinnpotenzial beschränkt sich theoretisch auf die Höhe des Basispreises. Praktisch gesehen existieren hier aber dieselben Profitchancen wie beim

Abb. 4.5

Praxis-Tipp:
Der Käufer eines Puts spekuliert auf fallende Kurse und schwache Märkte. Der Kurs muss um denselben Betrag wie der Optionspreis plus Gebühren fallen, um Gewinne zu realisieren. Ansonsten gelten für den Long Put dieselben Ausgangsfaktoren in Bezug auf die Mindestkapitalanforderung, den Hebel und das Risiko wie für den Long Call. Nur die Erwartungshaltung ist entgegengesetzt.

Long Call. Der maximale Verlust ist ebenfalls auf die gezahlte Optionsprämie plus Gebühren beschränkt (vgl. Abb. 4.5).

Short Put (Verkauf einer Verkaufsoption)

Mit dieser Optionsposition verpflichtet sich der Verkäufer, zu einem bestimmten Basispreis innerhalb einer bestimmten Laufzeit einen bestimmten Basiswert zu kaufen. Der Käufer hingegen erwirbt das Recht, zu einem bestimmten Basispreis, unabhängig vom Kurs, an den Verkäufer zu verkaufen. Die drei möglichen Szenarien:

1. Der Kurs bewegt sich nicht oder steigt nur minimal. Die Option wird nicht ausgeübt und verfällt am Ende der Laufzeit. Der Verkäufer erwirtschaftet einen Profit in Höhe der vereinnahmten Prämie.
2. Der Kurs des Basiswertes fällt bis zum Basispreis abzüglich der Optionsprämie. Der Break-even-Point ist erreicht.
3. Der Kurs fällt unter die Gewinnschwelle und die Option wird ausgeübt. Der Verkäufer ist zur Abnahme verpflichtet, was ein hohes Verlustrisiko bedeutet.

Abb. 4.6

Praxis-Tipp:
Der Verkäufer eines Puts ist stets an gleichbleibenden oder steigenden Kursen interessiert. Er kann durch einen Short Put gegen eine ungedeckte Position die Rendite seines Depots in Zeiten schwacher Volatilität erhöhen. Durch das große Verlustpotenzial ist diese Position aber auch nicht für jeden geeignet, denn auch hierbei sind die Verlustrisiken mit denen der Futures vergleichbar.

Für den Verkäufer ist der Verlust theoretisch auf die Höhe des Basispreises abzüglich Optionsprämie begrenzt, da der Kurs des Basiswertes nur bis auf null fallen kann.

Eröffnung und Glattstellung

Nun kennen Sie die grundlegenden Optionspositionen. Diese müssen aber zuerst einmal durch entsprechende Transaktionen installiert werden. Die Installation einer Position nennt man übrigens Opening Transaction oder einfach Eröffnung. Neben der Variante, eine Option bis zum Verfallstag zu halten und dann auszuüben oder verfallen zu lassen, besteht ja auch die Möglichkeit, diese Position glattzustellen. Angenommen, Sie haben einen Call, der im Preis massiv gestiegen ist. Sie wollen den Gewinn mitnehmen. Was ist dabei zu tun? Ganz einfach: Wie bei den Futures auch können Sie Ihre Optionsposition glattstellen. Und zwar mit einem Verkauf, der dem ursprünglichen Kauf entgegensteht. Das nennt man dann Closing Transaction.

Bei einigen Optionen ist die tatsächliche Lieferung der Basiswerte ohnehin ausgeschlossen. Sollte das der Fall sein, dann findet ein sogenannter Barausgleich statt, nämlich das Cash Settlement. Wenn Sie Ihre Option jedoch ausüben, also von Ihrem Optionsrecht Gebrauch machen, dann teilt Ihnen die Börse einen Stillhalter zu und es findet das Cash Settlement statt. Hierbei spricht man vom Assignment, zu Deutsch Zuteilung.

Optionspreise

Der Optionspreis oder die Optionsprämie ist der Preis, der für das Recht zum Kauf oder Verkauf eines bestimmten Basiswertes zu einem fest vereinbarten Preis innerhalb einer festgelegten Laufzeit bezahlt werden muss. Dieser Preis ist die Grundlage des Handels mit Optionen und entscheidet maßgeblich über Profit oder Verlust. Dieser Preis wird grundsätzlich durch Angebot und Nachfrage bestimmt, aber für die Beurteilung einer Option sind auch andere Faktoren enorm wichtig.

Die Gewinnschwelle

Bei den grundlegenden Positionen haben wir bereits von der Gewinnschwelle (Break-even-Point) gesprochen. Die wichtigsten Faktoren bei der Analyse der Gewinnschwelle waren bislang der Basispreis und der Optionspreis. Bei der Beurteilung von Optionspositionen müssen Sie aber stets auch das Verhältnis des Basispreises zum aktuellen Kassakurs des Basiswertes genau beobachten. Nur dann sind Sie im Hinblick auf die Gewinnschwelle über Ihre Posi-

Abb. 4.7

Gewinnschwelle = Basispreis + Optionspreis

tion auf dem Laufenden. Beim Long Call wird der Käufer die Option wahrscheinlich ausüben, wenn der aktuelle Kurs des Basiswertes über dem Basispreis plus Optionspreis liegt (vgl. Abb. 4.7).

Eine Option, die denselben Basispreis hat wie der aktuelle Kassakurs des Basiswertes, ist **am Geld**. Liegt der aktuelle Kassakurs über

Abb. 4.8

Gewinnschwelle = Basispreis - Optionspreis

dem Basispreis des Long Calls, dann ist diese Option **im Geld**. Sofern der aktuelle Kassakurs niedriger notiert als der Basispreis des Long Calls, dann ist die Option **aus dem Geld**. Bei einem Put wird die Gewinnschwelle im Grunde genauso berechnet, wie beim Call, jedoch ist die Betrachtungsweise genau anders herum. Die Gewinnschwelle ergibt sich aus dem Basispreis abzüglich Optionspreis (vgl. Abb. 4.8).

Als Put-Käufer werden Sie Ihre Option sicherlich nur dann ausführen, wenn der aktuelle Kassakurs unter dem Basispreis plus Optionspreis liegt, denn nur dann machen Sie Gewinn. Der Put ist

Abb. 4.9

Option	Call	Put
im Geld	Kassakurs > Basispreis	Kassakurs < Basispreis
am Geld	Kassakurs = Basispreis	Kassakurs = Basispreis
aus dem Geld	Kassakurs < Basispreis	Kassakurs > Basispreis

am Geld, wenn der Basispreis gleich dem aktuellen Kassakurs des Basiswertes ist. Er ist im Geld, wenn der Kassakurs niediger als der Basispreis notiert und er ist aus dem Geld, wenn der Basispreis unter dem Kassakurs liegt (vgl. Abb. 4.9).

Innerer Wert und Zeitwert

Bis jetzt haben wir uns damit zufriedengegeben, die Bedingungen für den Erfolg von Optionspositionen zum Verfallstag hin aufzustellen. Die Grundlage für die Ermittlung des Erfolgs war neben der zu zahlenden oder vereinnahmten Optionsprämie auch ein Vergleich zwischen den Basispreisen und den Kassakursen des Basiswertes.

Eine Option hat eine begrenzte Laufzeit und verfällt irgendwann. Je länger die Laufzeit ist, desto höher ist natürlich auch der Preis, der für das Optionsrecht zu zahlen ist. Die Wahrscheinlichkeit, dass eine Option eines Tages zur Ausübung kommt, ist bei längeren Laufzeiten natürlich größer als bei kurzen. Grundsätzlich lässt sich also festhalten, dass eine Option mit einer langen Restlaufzeit teurer sein muss als eine mit kurzer.

Mit den Begriffen „im Geld“, „am Geld“ und „aus dem Geld“ wurde bereits die Beziehung zwischen dem Kassakurs und dem Basispreis analysiert. Wenn Sie eine Option kaufen, dann muss der Wert, zu dem die Option bereits im Geld ist, natürlich im Optionspreis berücksichtigt werden. Angenommen, Sie stoßen bei der Zeitungslektüre auf einen Call mit einer Restlaufzeit von drei Monaten und einem Basispreis von 50 Euro. In derselben Zeitung lesen Sie, dass der Kassakurs des Basiswertes 80 Euro beträgt. Begeistert sagen Sie sich sich: „Warum den Basiswert kaufen? Nehme ich doch gleich den Call und liege bereits 30 Euro besser!“ So einfach ist aber das Geldverdienen auch mit Optionen nicht. Sie müssen den Zeitwert,

Abb. 4.10

Optionspreis = Zeitwert + innerer Wert

zu dem die Option bereits im Geld ist, natürlich auch bezahlen. Was würde dann besagter Call kosten? So um die 35 Euro, denn der Call ist bereits 30 Euro im Geld. Die Zeit kostet circa fünf Euro und ergibt einen Optionspreis von 35 Euro.

Der Betrag, um den eine Option bereits im Geld ist, nennt man den inneren Wert einer Option. Dieser innere Wert errechnet sich so:

– bei einem Call: Kassakurs - Basiswert
– bei einem Put: Basispreis - Kassakurs

Ist die Option nicht im Geld, dann beträgt der innere Wert gleich null. Da wir den inneren Wert und den Zeitwert einer Option kennen,

Abb. 4.11

Zeitwert und innerer Wert bei Call und Put im Vergleich

Option	Call		Put	
	Zeitwert	Innerer Wert	Zeitwert	Innerer Wert
im Geld	+	+	+	+
am Geld	+	0	+	0
aus dem Geld	+	0	+	0

lässt sich eine vereinfachte Formel zur Berechnung des Optionspreises aufstellen, die Sie in Abbildung 4.10 finden.

Alle Optionen mit einer Restlaufzeit haben einen inneren Wert. Optionen im Geld haben zusätzlich noch einen inneren Wert. Optionen am Geld oder aus dem Geld haben keinen inneren Wert (vgl. Abb. 4.11).

Basispreis und Volatilität

Unter sonst gleichen Bedingungen liegt der Wert eines Calls umso höher, je niedriger der Basispreis im Vergleich zum aktuellen Kassakurs des Basiswertes angesetzt wird. Spiegelbildlich dazu sorgt beim Put ein hoher Basispreis für einen hohen Wert. Eine Zusammenfassung finden Sie in Abbildung 4.12.

Börsenkurse haben die Eigenschaft, ständig zu schwanken. Die Schwankungsbreite nennt man Volatilität. Man unterscheidet zwischen der Impliziten Volatilität, derjenigen, die erwartet wird, und der Historischen Volatilität, die Kursschwankungen der Vergangenheit widerspiegelt. Die Volatilität eines Marktes oder auch eines

Abb. 4.12

	Call	**Put**
Basispreis > Kassakurs	Je größer die Differenz, desto geringer die Prämie.	Je größer die Differenz, desto höher die Prämie.
Basispreis < Kassakurs	Je größer die Differenz, desto höher die Prämie.	Je größer die Differenz, desto geringer die Prämie.

Basiswertes ist ein sehr wichtiger Faktor für die Bestimmung des Optionspreises.

Angenommen der Kurs eines bestimmten Basiswertes bewegt sich seit geraumer Zeit auf der Stelle, die Historische Volatilität ist also gering. Der Zeitwert der Option dieses Basiswertes ist damit also erheblich niedriger als der eines schwankungsaktiven Basiswertes. Warum? Die Wahrscheinlichkeit, dass sich der Kurs des Wertes sensationell bewegt, ist gering. Anders ausgedrückt: Die Implizite Volatilität eines sonst ruhigen Wertes ist erheblich kleiner als die eines schwankungsaktiven. Optionshändler sind natürlich eher an schwankungsaktiven Basiswerten interessiert, da ihnen die Volatilität mehr Chancen auf Profite einräumt. In der Praxis ist es leider nicht ganz einfach, die Volatilität einzelner Basiswerte exakt zu ermitteln. Zwar lässt sich die Historische Volatilität anhand der Chartanalyse leicht absehen, aber für die Bestimmung des Optionspreises kann primär nur die Volatilität während der Laufzeit einer Option von Bedeutung sein. Eine Reihe mathematischer Analysemodelle zur Bewertung von Optionen ermöglicht es immerhin, anhand von Erfahrungswerten und bereits am Markt bezahlten Optionsprämien eine Prognose für die erwartete Volatilität abzugeben.

Restlaufzeit

Grundsätzlich kann festgehalten werden, dass der Optionspreis umso höher ist, je länger die Laufzeit der Option ist. Es lässt sich leicht nachvollziehen, dass der Wert einer Option mit der Zeit, besser ausgedrückt, mit abnehmender Restlaufzeit, sinkt. Die Verminderung des Zeitwertes im Zeitablauf erfolgt aber nicht linear, sondern gegen Ende der Laufzeit in steigendem Maße. Dieses Phänomen wird verständlicher, wenn man sich vor Augen führt, dass eine Verkürzung der Laufzeit um einen Tag eine sehr viel geringere Auswirkung hat, wenn die Option noch lange läuft (z. B. 60 Tage). Hat sie eine kurze Restlaufzeit von beispielsweise fünf Tagen, dann wirkt sich die Laufzeitverkürzung um einen Tag natürlich sehr viel gravierender aus.

Zinsniveau

Das Zinsniveau spielt bei der Ermittlung von Optionspreisen auch eine große Rolle, was sich am besten aus der Sicht eines Call-Verkäufers veranschaulichen lässt.

Nehmen wir an, Sie sind der Verkäufer. Dann können Sie das Risiko, bei der Ausübung der Option durch den Käufer die Basiswerte nur zu einem hohen Kassakurs einzukaufen, nur dadurch reduzieren, indem Sie die Werte bereits bei Abschluss des Geschäftes am Kassamarkt erwerben. Diese Werte müssen Sie dann natürlich bis zum Verfallstag halten, was erhebliches Kapital bindet. Damit entstehen Ihnen erhebliche Zinsaufwendungen, sofern Sie das Kapital fremd finanzieren müssen, oder es entgehen Ihnen Zinserträge, wenn Sie freies Kapital nicht entsprechend anlegen können. Aus diesem Grund werden Sie als Optionsverkäufer bei steigendem Zinsniveau natürlich auch einen höheren Optionspreis veranschlagen.

Ein Anstieg des allgemeinen Zinsniveaus wirkt sich also generell auch erhöhend auf die Optionspreise der Calls aus. Bei Puts verhält es sich genau umgekehrt. Hier spielt das Zinsniveau im Gegensatz zu anderen Faktoren eine eher untergeordnete Rolle.

Dividenden

Wenn eine Dividende ausgeschüttet wird, dann sinkt unter sonst gleichen Bedingungen der Kassakurs des Basiswertes bei Aktienoptionen. Der Basispreis aber bleibt davon unbeeindruckt und sinkt

Abb. 4.13

Einflussgrößen auf den Optionspreis und ihre Auswirkung

	Call	**Put**
Basiswert steigt	steigt	fällt
Basiswert fällt	fällt	steigt
Volatilität steigt	steigt	fällt
Volatilität sinkt	steigt	fällt
Restlaufzeit verringert sich	fällt	fällt
Zinsniveau steigt	steigt	fällt
Zinsniveau fällt	fällt	steigt

nicht. Die Ausschüttung der Dividende hat daher dieselben Auswirkungen auf den Optionspreis wie ein Kursrückgang des Basiswertes am Kassamarkt. Die Dividendenausschüttung führt bei Calls zu einer Verminderung und bei Puts zu einer Erhöhung des Optionspreises (vgl. Abb. 4.13).

Darstellung der Preise

Wenn Sie wiederum einen Blick in eine überregionale Tageszeitung werfen, werden Sie dort eine Vielzahl von Tabellen finden, die Optionspreise abbilden. Am Anfang wird Sie solch eine Tabelle sicher verwirren, aber mit ein wenig Erfahrung lesen Sie solche Listen bald genauso schnell wie Ihren Einkaufszettel. Zum Abschluss dieses Kapitels habe ich einmal eine Mustertabelle (siehe

Abb. 4.14

Aktie: bezahlt 25,80/Schluss 25,80/Schluss Xetra 25,82

Kontrakt		Calls					
		letzt-bezahlt	Tages-hoch	Tages-tief	Settlement	Volumen	offene Kontrakte
02	24,00	2,00	2,05	2,00	1,98	27	1.324
	26,00	0,75	0,75	0,40	0,59	477	1.489
	28,00				0,09		1.151
03	24,00	2,35	2,38	2,20	2,39	1.095	5.184
	26,00	1,25	1,25	0,80	1,07	391	3.537
	28,00	0,50	0,50	0,25	0,39	1.777	2.660
04	24,00			1,25	2,74		20
	26,00	1,66	1,66	0,57	1,56	130	30
	28,00	0,80	0,80		0,77	76	
06	24,00				3,25		2.915
	26,00	2,20	2,20	1,95	2,09	23	2.958
	28,00	1,36	1,36	1,30	1,29	21	938
09	24,00				3,59		107
	26,00				2,53		1.857
	28,00	1,80	1,80	1,53	1,72	37	524
12	24,00				4,14		20
	26,00				3,04		1.029
	28,00	2,22	2,22	2,15	2,22	200	8.037

Puts					
letzt-bezahlt	**Tages-hoch**	**Tages tief**	**Settlement**	**Volumen**	**offene Kontrakte**
0,19	0,20	0,18	0,12	1.045	1.235
0,77	0,99	0,78	0,72	11	627
			2,24		398
0,35	0,35	0,35	0,44	3	5.693
1,23	1,23	1,23	1,10	3	514
2,14	2,39	2,07	2,44	84	136
			0,69		159
			1,52		
			2,73		
			1,05		4.152
			1,87		1.846
			3,08		42
2,10	2,10	2,10	1,69	3	222
			2,63		110
			3,82		
2,00	2,06	2,00	2,07	121	8.046
3,03	3,03	3,03	2,94	21	58
			4,11		

Seite 94–95, Abb. 4.14) für Sie erstellt, die wir gemeinsam durchgehen werden.

Auf der linken Seite der Tabelle finden Sie die Optionspreise für die Calls, auf der rechten diejenigen für Puts. Die verschiedenen Kontrakte werden jeweils von oben nach unten dargestellt. Den Anfang macht der Februar-Call mit einem Basispreis von 24 Euro. In der ersten Spalte ist der Verfallsmonat der Option angegeben (Februar, März, April, Juni, September, Dezember). Dieser Spalte folgen jeweils die Basispreise. Danach kommen der zuletzt bezahlte Optionspreis, der Settlementpreis, das Volumen und das Open Interest. Leider werden in den verschiedenen Zeitungen die Optionspreise auch unterschiedlich dargestellt. Unsere Beispieltabelle gleicht den Angaben des *Handelsblattes*. Studieren Sie solche Angaben stets genau, bevor Sie mit dem Optionshandel beginnen, damit Sie immer den Überblick behalten.

Jetzt wissen Sie, was es mit den „mystischen" Werkzeugen des Terminhandels, den Futures und den Optionen, auf sich hat. Das ist doch alles gar nicht so „sagenumwoben" und kompliziert, nicht wahr? Wo man sie kaufen und verkaufen und welche Geschäfte man damit machen kann, das besprechen wir in den folgenden Kapiteln.

Die wichtigsten Terminbörsen

Die Grundlagen des Geschäfts mit Terminkontrakten haben wir besprochen. Sie wissen nun, um was es hierbei geht und „wo der Bartel den Most holt“. In diesem Kapitel befassen wir uns nun mit dem Ort des Geschehens, an dem Profite gemacht oder auch Verluste eingefahren werden – den Terminbörsen. Wie auch bei Aktien oder festverzinslichen Wertpapieren sind die Terminbörsen der Ort, an dem sich das gesamte Marktgeschehen, der gesamte Handel konzentriert.

Termingeschäfte in den USA

Wie eingangs beschrieben ist der Terminhandel in den USA entstanden. Dort sind auch heute noch seine Wurzeln zu suchen. In den USA gibt es eine ganze Reihe unterschiedlicher Terminbörsen, an denen wiederum die unterschiedlichsten Waren- und Finanzterminkontrakte gehandelt werden. Allein zehn von ihnen haben ihren Sitz in New York und verzeichnen nach wie vor steigende Umsätze. Als „Youngster“ unter ihnen nahm die New York Futures Exchange (NYFE) ihren Dienst im Handel mit Terminkontrakten auf.

Jede Terminbörse in den USA bietet Anlegern eine Vielzahl unterschiedlicher Produkte und Handelsmöglichkeiten. Für den deutschen Investor ergibt sich daraus logischerweise ein Problem mit der amerikanischen Fachsprache, sofern er dieser nicht mächtig ist (vgl. Abb. 5.1).

Die zentrale staatliche Kontrollbehörde, die den ordentlichen Ablauf des Terminhandels in den USA überwacht, ist die Commodity Futures Trading Commission (CFTC) mit Sitz in Washington D.C. Der Kommission stehen fünf Mitglieder vor, die einen 500-köpfigen Mitarbeiterstab unter sich haben. Ihre einzige Aufgabe besteht darin, einen seriösen Geschäftsablauf zu garantieren. Die CFTC

Abb. 5.1

Praxis-Tipp

Wenn Sie an den US-Terminbörsen Geschäfte machen wollen, dann wenden Sie sich dazu an einen Broker, der mit den Börsen sowie dem gesamten Umfeld in den USA gut vertraut ist. Sparen Sie hier nicht am falschen Platz! Auch wenn der ein oder andere Discountbroker bei den Gebühren günstiger zu sein scheint: Die Erfahrung im Markt und in der Abwicklung können gerade bei Termingeschäften bares Geld wert sein.

übernahm im April 1975 auch die Aufgaben der Commodity Exchange Authority (CEA), die als eigenständige Abteilung des US-Landwirtschaftsministeriums seit 1936 den Handel mit landwirtschaftlichen Produkten in den USA überwacht hatte.

Zu den Aufgaben der CFTC gehört auch die Kontrolle aller Brokerkonten, die in unregelmäßigen Abständen durchgeführt wird. Jeder Marktteilnehmer, der in den USA Geschäfte tätigen will, muss bei der CFTC registriert sein. Das hat für Anleger enorme Vorteile! Wenn man über irgendeine Brokerfirma Geschäfte machen will, kann man sich vorab bei der CFTC über sie erkundigen. Dies ist ein Garant für absolute Seriosität und gilt auch für die National Futures Association (NFA), die im Mekka des Terminhandels, in Chicago, sitzt.

In den USA herrscht eine äußerst strenge Aufsicht mit ebenso strengen Richtlinien. Das ist einer der Gründe, warum „schwarze Schafe“ unter den Brokern in den USA kaum eine Chance haben, unerfahrene Kunden bei Termingeschäften über den Tisch zu ziehen. Eine ganz andere Aufsichtsbehörde ist die Securities and

Exchange Commission (SEC) mit Sitz in Washington. Ihre Aufgabe ist die zentrale Überwachung des gesamten US-Wertpapierhandels.

Das Clearing House

Eine ebenfalls sehr wichtige neutrale Instanz ist das sogenannte Clearing House. Der Begriff ist in diesem Buch schon das ein oder andere Mal gefallen. Jetzt erkläre ich Ihnen, was es damit auf sich hat. Der Terminhandel dient einerseits dazu, dass sich Produzenten und Abnehmer in ihrer Kalkulation gegen die Widrigkeiten der Märkte absichern können. Andererseits dient er den Spekulanten dazu, von den Differenzen zwischen Kauf- und Verkaufskurs zu profitieren. Um genau dies alles zu garantieren, bedarf es einer neutralen Verrechnungsstelle – und das ist das Clearing House. Dessen wesentliche Aufgabe ist es, die ordnungsgemäße Abwicklung eines jeden Kontraktes zu garantieren. Es tritt dabei als Treuhänder zwischen den Geschäftspartnern auf und sichert die Abwicklung der Transaktionen ohne jegliche Einschränkung. Das Clearing House trägt auch dafür Sorge, dass nicht einmal ein Konkurs einer der Parteien die Gegenseite berührt. In solch einem Fall haften alle Mitglieder des Clearing Houses solidarisch.

Die Clearing-Häuser werden von den großen Brokerhäusern an jeder US-Terminbörse durch eines Fonds aus Mitgliedsbeiträgen unterhalten und finanziert. Sie sind als private Kapitalgesellschaften organisiert, vereinfachen nicht nur den Handel sondern sind auch für die Sicherheit der Anleger und die Funktionsfähigkeit der Märkte unabdingbar.

In der folgenden Zusammenstellung finden Sie einen Überblick über die US-Terminbörsen:

- Chicago Board of Trade (CBoT)
- Chicago Board Options Exchange (CBOE)
- Chicago Mercantile Exchange (CME)
- Commodity Exchange (COMMEX)
- Financial Instruments Exchange (FINEX)
- Kansas City Board of Trade (KCBT)
- MidAmerica Commodity Exchange (MACE)
- Minneapolis Grain Exchange (MGE)
- New York Coffee, Sugar & Cacao Exchange (NYCSCE)
- New York Futures Exchange (NYFE)
- New York Mercantile Exchange (NYME)
- Philadelphia Board of Trade (PBOT)
- New York Cotton Exchange (NYCE)
- Twin Cities Board of Trade (TCBT)

Termingeschäfte in Großbritannien

In Großbritannien wurden im Rahmen der allgemeinen Neuorganisation der Börsen in den Jahren 1986 bis 1993 die bis dahin bestehenden Terminbörsen zusammengefasst. Das hatte zur Folge, dass heute nur noch an wenigen britischen Börsen ein echter Terminhandel stattfindet. Direkt in London sitzt das London Clearing House (LCH), das aus dem Commodity Clearing House hervorging und erst 1988 als „The London Produce Clearing House" gegründet wurde. Das LCH garantiert die Erfüllung der Kontrakte aller seiner Mitglieder und überwacht darüber hinaus die Einhaltung der von ihm erstellten Regeln und Vorschriften. Diese betreffen vor allem die Bonität der Mitglieder des LCH und deren finanzielle Verhältnisse. Jeder Kontrakt, der zwischen den Mitgliedern des LCH gehandelt wird, muss bei der Aufsicht registriert werden, was letztendlich die ordentliche Erfüllung der Geschäfte garantiert. Da alle Terminbörsen am Finanzplatz London dem LCH angeschlossen sein müssen, besteht eine Erfüllungsgarantie für alle dort registrierten Kontrakte.

Zwischen den Clearing-Häusern in den USA und in Großbritannien besteht ein entscheidender Unterschied. Während in den USA das Clearing House zur jeweiligen Börse gehört und von den dort zugelassenen Brokern finanziert und getragen wird, gibt es in England nur zwei Clearing-Häuser, nämlich das LCH und ein eigenes der London Metal Exchange (LME). Beide sind als eigenständige Gesellschaften mit beschränkter Haftung organisiert. Ihre Anteilseigner sind ausnahmslos britische Banken. Geschäftsführer und Inhaber sind von der Börse vollkommen unabhängig. Die brtischen Broker im Wertpapier- und Terminmarkt unterliegen zusätzlich noch einer speziellen staatlichen Kontrolle, der Securities und Futures Authority (SFA), die ebenfalls in London sitzt. Die SFA untersteht wiederum dem Security and Investment Board (SIB) und fungiert quasi als oberste Kontrollinstanz aller Börsenbehörden in Großbritannien. Jedes Borkerhaus auf der Insel, das etwas auf sich hält, ist stets bemüht, zusätzlich zur pflichtgemäßen Registratur bei der SFA auch Mitglied der London Stock Exchange zu werden.

Die Vorschriften der SFA sind sehr streng und verlangen von den jeweiligen Brokern ein hohes haftendes Eigenkapital sowie geschultes und qualifiziertes Personal für bestimmte Geschäftsaktivitäten. Alle bei der SFA registrierten Broker unterliegen einer ständigen und strengen Kontrolle durch die genannten Behörden. Dadurch steht der Terminhandel in Großbritannien in puncto Kontrolle und Sicherheit dem der USA in nichts mehr nach. Die folgende Zusammenstellung ermöglicht Ihnen einen Überblick über die britischen Terminbörsen:

- London Commodity Exchange (LCE)
- London International Financial Futures and Options Exchange (LIFFE)
- London Metal Exchange (LME)

Eurex – die deutsche Terminbörse

Eine Struktur und Organisation, wie man sie an den amerikanischen und britischen Börsen findet, gibt es in Deutschland nicht. Die deutsche Terminbörse Eurex wurde jedoch von Anfang an am Standard der internationalen Terminbörsen ausgerichtet und stellt heute die größte Derivatebörse der Welt dar. Gegründet im Jahr 1990 als Deutsche Terminbörse (DTB) wurde die Eurex durch den Zusammenschluss der DTB mit der Schweizer Terminbörse SOFFEX (Swiss Options and Financial Futures Exchange) ins Leben gerufen und bildet den Kern eines neuen, europäischen Derivatemarktes. Die Muttergesellschaft der Eurex Frankfurt AG ist die Eurex Zürich AG, die 100 Prozent der Anteile hält und an der die Deutsche Börse AG und die SWX Swiss Exchange zu gleichen Teilen beteiligt sind. Tochtergesellschaften der Eurex Frankfurt AG sind die U.S. Exchange Holdings, Inc., Eurex Clearing AG, Eurex Repo GmbH und die Eurex Bonds GmbH. Die Eurex Deutschland AG ist der öffentlich-rechtliche Teil der Eurex. Mit Beginn des Geschäftsjahres 2005 fließen die Erlöse des Gemeinschaftsunternehmens zu 85 Prozent an die Deutsche Börse AG und zu 15 Prozent an die SWX Swiss Exchange. Zuletzt eingeführte Produkte sind Volatilitäts-Futures sowie Futures auf sämtliche Einzelaktien aus dem Dow Jones Euro STOXX 50, DAX und auf ausgewählte Werte des schweizerischen SMI.

Die Eurex ist eine vollelektronische Börse, an der Aufträge von Marktteilnehmern und deren Kunden über Terminals in das zentrale

EDV-System eingegeben werden. Sowohl dem Händler als auch Kundenberatern und Kunden stehen ständig die jeweils aktuellen Kurse am Markt zur Verfügung. Dieses elektronische System bietet die Möglichkeit, Geschäfte an der Eurex völlig unabhängig vom jeweiligen Standort aus weltweit zu tätigen. Und das auf globaler Ebene. Ein absolut weltweites Netzwerk an Kontaktpunkten ermöglicht den Marktteilnehmern einen kostengünstigen, schnellen und zuverlässigen Zugang zur Handelsplattform Eurex.

Neben dem Betrieb der elektronischen Handelsplattform stellt die Eurex auch eine automatische, integrierte Clearing-Stelle für alle Produkte und Teilnehmer zur Verfügung, wodurch ein zentrales, grenzüberschreitendes Risikomanagement erreicht wird. Es gibt in Deutschland zwar keine Aufsichtsbehörde wie die SEC, die CFTC oder die NFA in den USA bzw. die SFA und das SIB in England. Das ist jedoch für die Teilnehmer kein Nachteil. Im Gegensatz zu den Börsen anderer Länder ist die Deutsche Börse AG und damit auch die Eurex fast ausnahmslos von Großbanken organisiert. Diese Tatsache garantiert allein schon wegen der Struktur und der Bonität sowie der obendrein herrschenden strengen Aufsicht über das Kreditwesen in Deutschland eine ordnungsgemäße Kontrolle.

Der Handel an der Eurex vollzieht sich also, ganz im Gegensatz zum Handel in den USA, nicht in Form einer Präsenzbörse, sondern durch ein vollelektronisches Handelssystem. Die Eurex ist eine elektronische Börse, an der die Marktteilnehmer ihre Orders und Quotes (Fachausdruck für Angebots- und Nachfragepreise) über die jeweiligen Eingabehilfen mittels elektronischer Datenfernübertragung in die EDV der Eurex einspeisen können. Die Orders und Quotes werden dort vollautomatisch geordnet und zusammengeführt. Man spricht hier auch vom sogenannten Matching, das in §4 der Börsenordnung geregelt ist. Die Eurex wird bei jedem Geschäft, das über ihr zentrales EDV-System geschlossen wird, rechtlicher Vertragspartner. Sie regelt und kontrolliert einen ordentlichen Handel und garantiert die Erfüllung aller dieser Geschäfte. Abbildung 5.2 zeigt den Aufbau und die Struktur der Eurex.

Wer zum Börsenhandel zugelassen wird und wer nicht, ist in Deutschland in §13 der Börsenordnung definiert. Die endgültige Entscheidung trifft allerdings der Börsenvorstand auf Anfrage. Um an der Eurex handeln zu können, muss ein Institut als Mitglied zugelassen sein. Banken, Wertpapier- und Brokerhäuser können eine solche Zulassung beantragen. Für Anwärter auf eine Bewilligung zur Eurex-Teilnahme gelten bestimmte Mindestbedingungen.

Abb. 5.2

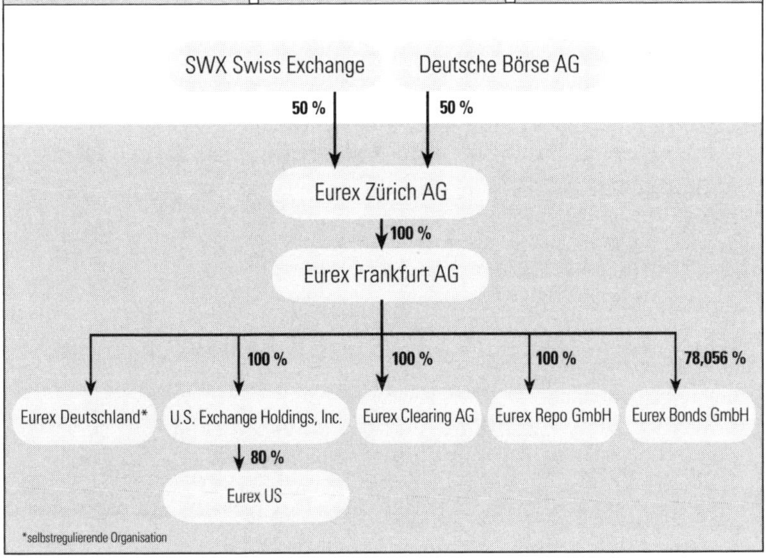

Zusätzlich können alle Börsenmitglieder auch eine Zulassung als „Market Maker“ für ein oder mehrere spezifische Produkte beantragen. Der Market Maker ist ein Börsenmitglied, der als Ringmakler auf eigene Rechnung agiert und sich verpflichtet, in einem bestimmten Zeitraum Geld- und Briefkurse zu stellen, also einen „Markt zu machen“. Die Zulassung zum Market Maker berechtigt auch zum Handel auf eigene Rechnung mit den Produkten, für die der Market Maker die Verpflichtung übernommen hat. Die Market Maker sorgen für einen liquiden Markt an der Eurex. Für sie gelten folgende Rechte und Pflichten:

- Sie sind berechtigt, nach entsprechendem Eingang einer Quote-Aufforderung sogar verpflichtet, unverzüglich für ein in der Zulassung angeführtes Produkt Quotes für die Angebots- und Nachfrageseite zu stellen und zu diesen auch Geschäfte zu tätigen.
- Sie müssen während der Börsenzeit stets erreichbar sein.
- Im Interesse geordneter Marktverhältnisse kann der Börsenvorstand weitere Anforderungen an die Market Maker stellen, insbesondere die Pflicht, Maximum und Minimum Spreads oder minimale Preisspannen festzusetzen.

Die Produktpalette der Eurex

Zu den ersten Produkten, die neben den von der DTB und der SOFFEX übernommenen Produkten an der Eurex neu eingeführt wurden, gehörten Optionen auf den Euro-Schatz-Future, 3-Monats-Euribor-Futures, Euro-Buxl-Futures sowie Futures auf den Dow Jones Euro STOXX 50 Index. Im Geschäftsjahr 1998 wurden bereits knapp über 248 Millionen Kontrakte durch insgesamt 313 registrierte Mitglieder gehandelt.

Die Eurex bietet heute ein umfangreiches Angebot an Aktien-, Aktienindex-, Zins- und EXTF-Derivaten (Derivate auf börsengehandelte Fonds) an.

Aktienderivate

Im Aktienoptionssegment können Investoren an der Eurex weit über 200 Aktienoptionen auf amerikanische, deutsche, französische, italienische, niederländische, schweizerische und skandinavische Basistitel handeln, darunter Aktienoptionen auf 44 der 50 Werte des Dow Jones Euro STOXX 50 Index. Im Oktober 2005 erweiterte die Eurex ihr Produktportfolio um Futures auf Aktien (Single Stock Futures). Nun können somit auf insgesamt 90 Einzelwerte (alle Komponenten des Dow Jones Euro STOXX 50 Index und des DAX sowie zehn Komponenten des SMI) auch Futures gehandelt werden.

Aktienindexderivate

Im Bereich der Aktienindexderivate umfasst das Produktangebot Futures und Optionen auf die führenden internationalen Blue-Chip-Indizes, europäische Mid-Cap-Segmente sowie verschiedene Branchenindizes. Im Einzelnen sind dies:

- Futures und Optionen auf den Dow Jones Euro STOXX 50 Index
- Futures und Optionen auf den Dow Jones STOXX 50 Index
- Futures und Optionen auf den Dow Jones STOXX 600 Index
- Futures und Optionen auf den Dow Jones STOXX Mid 200 Index
- Futures und Optionen auf den Dow Jones Global Titans 50 Index
- Futures und Optionen auf den Dow Jones Italy Titans 30 Index
- Futures und Optionen auf den DAX und TecDAX

- Futures auf den MDAX
- Futures und Optionen auf den SMI
- Futures auf den SMIM
- Futures und Optionen auf den OMX-Helsinki 25 Index
- Futures und Optionen auf Dow Jones Euro STOXX Sector Indizes
- Futures und Optionen auf Dow Jones STOXX 600 Sector Indizes

Volatilitätsindexderivate

Die neuesten Erweiterungen sind Volatilitäts-Futures auf die Volatilitätsindizes der Deutsche Börse AG (VDAX-NEW), SWX Swiss Exchange (VSMI) und STOXX Ltd. (VSTOXX). Damit können Marktteilnehmer zum ersten Mal Volatilitätsschwankungen auf den deutschen, schweizerischen und europäischen Aktienmärkten mit einer börsengehandelten Futures-Familie absichern:

- VDAX-NEW-Futures
- VSMI-Futures
- VSTOXX-Futures

Exchange-Traded-Funds-Derivate

Im November 2002 wurde an der Eurex der Handel mit Futures und Optionen auf börsengehandelte Index-Fondsanteile, sogenannte Exchange Traded Funds (ETFs), eingeführt. Die entsprechenden Basiswerte sind:

- DAX EX
- Dow Joes Euro STOXX 50 EX
- iShares Dow Jones Euro STOXX 50 EX
- XMTCH on SMI

Zinsderivate

Die Zinsderivate decken die deutsche Zinskurve im Laufzeitenbereich von einem Tag bis 30 Jahren sowie die Schweizer Zinskurve im Laufzeitenbereich von 8 bis 13 Jahren ab:

- Euro-Schatz-Futures (Basiswert Bundesschatzanweisungen mit einer Laufzeit von zwei Jahren)
- Euro-Bobl-Futures (Basiswert Bundesobligationen mit einer Laufzeit von fünf Jahren)
- Euro-Bund-Futures (Basiswert Bundesanleihen mit einer Laufzeit von zehn Jahren)
- Euro-Buxl-Futures (Basiswert Bundesanleihen mit einer Laufzeit von 30 Jahren)
- CONF-Futures (Basiswert Schuldverschreibungen der Schweizerischen Eidgenossenschaft)

Auf Euro-Schatz-, Euro-Bobl- sowie Euro-Bund-Futures können auch Optionen gehandelt werden.

Weitere Produkte im Bereich der Zinsderivate sind:

- 1-Monats-EONIA-Futures (Basiswert EONIA-Zinssatz)
- 3-Monats-Euribor-Futures (Basiswert European Interbank Offered Rate)
- Optionen auf 3-Monats-Euribor-Futures

Die Zinsderivate machen rund die Hälfte des Handelsvolumens an der Eurex aus. Der Euro-Bund-Future stellt mit rund einer Million gehandelter Kontrakte pro Tag das umsatzstärkste Produkt an der Eurex dar.

Eurex Bonds/Eurex Repo/Eurex US

Das Geschäftsmodell der Eurex erstreckt sich nicht nur auf Termingeschäfte, sondern ebenso auf außerbörsliche Kassamarktgeschäfte.

Eurex Bonds

Die Eurex Bonds GmbH wurde im Jahr 2000 als gemeinsame Initiative der Eurex Frankfurt AG und führender Finanzinstitute ins Leben gerufen. Sie bietet eine elektronische Plattform für den außerbörslichen Handel und das Clearing von

- allen festverzinslichen Schuldverschreibungen der Bundesrepublik Deutschland (Bundesanleihen, Bundesobligationen und Bundesschatzanweisungen)
- unverzinslichen Schatzanweisungen (Bubills) der Bundesrepublik Deutschland
- festverzinslichen Schuldverschreibungen der KfW (Kreditanstalt für Wiederaufbau), der Europäischen Investitionsbank (EIB), der NRW.Bank und der L-Bank
- Jumbo-Pfandbriefen deutscher Emittenten und festverzinslichen Schuldverschreibungen der deutschen Bundesländer
- gedeckten Schuldverschreibungen (Covered Bonds) spanischer, französischer, britischer und irischer Emittenten
- ausgewählten europäischen Unternehmensanleihen (Corporate Bonds)
- Basisinstrumenten für alle in die Fixed Income Futures (Euro-Schatz, Euro-Bobl- und Euro-Bund-Futures) lieferbaren Schuldverschreibungen der Bundesrepublik Deutschland und Basisinstrumenten für ausgewählte festverzinsliche Schuldverschreibungen

der Bundesrepublik Deutschland, die nicht in die Fixed Income Futures (Euro-Schatz-, Euro-Bobl- und Euro-Bund-Futures) lieferbar sind.

Durch die Anbindung der Eurex Bonds Handelsplattform an das Clearing-System der Eurex Clearing AG besteht eine unmittelbare Verbindung von Kassa- und Terminmarkt, durch die der elektronische Handel der Schuldverschreibungen der Bundesrepublik Deutschland und der Basistitel für alle in die Fixed-Income-Derivate lieferbaren Schuldverschreibungen in einem zentralen Quotebuch möglich wird.

Eurex Repo

An der Eurex Repo können Marktteilnehmer eine breite Auswahl an Sale and Repurchase Agreements (Repos) unter anderem für deutsche und österreichische Staatsanleihen, Jumbo-Pfandbriefe, Länderanleihen, Schuldverschreibungen der KfW Bankengruppe sowie der Europäischen Investitionsbankanleihen handeln. Repos kombinieren den Verkauf von Wertpapieren mit dem Rückkauf gleichartiger Papiere auf Termin.

Eurex Repo operiert auf zwei verschiedenen Märkten, dem Euro Repo Markt und dem Schweizer Franken Repo Markt.

Der Euro-Repo-Markt ermöglicht europäischen Finanzdienstleistern den Zugang zur Refinanzierung mit europäischen Wertpapieren. Eurex Repo gibt den institutionellen Investoren die Möglichkeit, in verschiedenen standardisierten General Collateral Basket-Segmenten ihr Liquiditätsmanagement zu optimieren und von der Markttransparenz eines elektronischen Handelssystems zu profitieren.

Am Schweizer-Franken-Repo-Markt verwalten über 100 internationale Banken ihre Liquidität. Die Marktteilnehmer können ihr Funding und Collateral Management direkt am Schweizer Interbankenmarkt sowie über eine Beteiligung an den meist täglich stattfindenden Auktionen der Schweizerischen Nationalbank (SNB) vornehmen.

Über Eurex Repo finden die Marktteilnehmer somit Zugang zu verlässlichen Handels-, Clearing- und Abwicklungssystemen für den europäischen und schweizerischen Repo Markt.

Bei den Repo-Geschäften zwischen zwei institutionellen Investoren tritt wiederum die Eurex Clearing AG als zentraler Kontrahent auf und garantiert den Marktteilnehmern somit ihre Anonymität.

Grundsätzlich stehen Eurex Bonds und Eurex Repo allen interessierten Kreditinstituten und Finanzdienstleistern offen. Die Unternehmen müssen in ihrem jeweiligen Sitzstaat einer Finanzmarktaufsicht unterstehen. Für Privatanleger ist der Handel an Eurex Bonds und Eurex Repo derzeit nicht möglich, da es ein reiner Interbankenhandel ist.

Die Eurex in den USA

Im Februar 2004 ist Eurex US mit Sitz in Chicago als Tochter der Eurex Frankfurt AG an den Start gegangen. Eurex US ist die erste vollelektronische Börse in den USA für US-Dollar-Zinsderivate, Aktienindexderivate und Währungs-Futures. Als Abwicklungsstelle in den USA konnte „The Clearing Corporation“ gewonnen werden. Durch die Anbindung an das Eurex-Netzwerk können amerikanische Kunden erstmals auch europäische Produkte direkt an einer Heimatbörse handeln. Damit baut die Eurex ihre weltweite Präsenz weiter aus, da der Handel mit Eurex-Produkten so an 23 Stunden am Tag möglich ist.

Zinsderivate

- Futures auf zweijährige Jumbo US-Treasury Notes sowie Optionen darauf
- Futures auf dreijährige US-Treasury Notes sowie Optionen darauf
- Futures auf fünfjährige US-Treasury Notes sowie Optionen darauf
- Futures auf zehnjährige US-Treasury Notes sowie Optionen darauf
- Futures auf 30-jährige US-Treasury Bonds sowie Optionen darauf

US-Aktienindexderivate

- Russel 1000 Index Futures (Der Russell 1000 Index setzt sich aus den 1.000 größten US-amerikanischen Aktiengesellschaften des Russell 3000 Index zusammen und repräsentiert damit 92 Prozent der Marktkapitalisierung der US-amerikanischen Aktienmärkte.)
- Russel 2000 Index Futures (Der Russell 2000 Index setzt sich aus den 2000 kleinsten US-amerikanischen Aktiengesellschaften des Russell 3000 Index zusammen und repräsentiert damit acht Prozent der Marktkapitalisierung der US-amerikanischen Aktienmärkte).

Währungs-Futures (Foreign Exchange Futures)

Im September 2005 begann der Handel mit Währungs-Futures. Bislang können Futures-Kontrakte auf die weltweit wichtigsten Währungspaare gehandelt werden. US-Dollar gegen:

- Euro
- Pfund Sterling
- Yen
- Schweizer Franken
- Australische Dollar
- Kanadische Dollar

Daneben stehen Futures-Kontrakte auf folgende Cross Rates zur Verfügung, um Arbitrage-Möglichkeiten zwischen verschiedenen Währungen ausnutzen zu können:

- Pfund Sterling/Yen
- Euro/Yen
- Euro/Pfund Sterling
- Euro/Schweizer Franken

Weitere Informationen im Internet unter: www.eurexchange.de.

RMX – Risk Management Exchange AG

Um den internationalen Herausforderungen der Finanzmärkte Rechnung zu tragen, wurde die Warenterminbörse Hannover (WTB) gegründet, die erste Computer-Warenterminbörse Deutschlands. Sie eröffnet allen deutschen, aber auch ausländischen Marktteilnehmern direkten Zugang zum deutschen Warenhandel. Ähnlich wie die Eurex bietet auch die WTB durch ihr elektronisches Netzwerk eine Plattform an, auf der Käufer und Verkäufer vollkommen standortunabhängig ihre Geschäfte tätigen können. Wie an der Eurex auch geben Marktteilnehmer eigene Angebote und Kundenaufträge über Terminals in das System der WTB ein. Alle Orders sind weltweit für jeden Marktteilnehmer transparent. Dadurch, dass die Auftraggeber namentlich nicht genannt werden, ist die Gleichbehandlung aller Teilnehmer garantiert. Die besten Angebots- und Nachfragepreise, die dazugehörigen Mengen sowie alle marktrelevanten Daten werden umgehend anonym durch Informationsanbieter veröffentlicht und sind rund um die Uhr abrufbar.

WTB wird RMX

Am 21. Dezember 2005 gaben die DEKREBO Kredit Börse Deutschland AG und die Warenterminbörse Hannover AG (WTB) bekannt, dass ihre Aktionäre die Verschmelzung auf die RMX Risk Management Exchange AG beschlossen hatten.

Mit der Verschmelzung entstand eine unabhängige Börse für die Produktlinien Commodities und Kredite. Ziel der Börse ist es, effektive Risikomanagement-Dienstleistungen anzubieten und Markttransparenz zu schaffen. Der Handel wird auf einem öffentlichen Marktplatz gebündelt und über standardisierte Prozessabläufe abgewickelt. Die in die Produktlinien Commodities und Kredite separierten Handelsgegenstände lassen sich somit leichter austauschen, Informationen über Preise und Umsätze sind einfacher zugänglich. Zudem werden mittelfristig die Kosten gesenkt – durch Synergieeffekte im Bereich Personal, Technik, Kapital und Marktausrichtung. DEKREBO und WTB hatten bereits Ende 2004 damit begonnen, über die Bündelung ihrer Kompetenzen nachzudenken. Antrieb war die Übereinstimmung von Ausrichtung und Kernkompetenz: die Risikosteuerung über einen unabhängigen Marktplatz.

Die seit 1998 operierende WTB ist eine öffentlich-rechtliche Börse nach Maßgabe des deutschen Börsengesetzes. Ihr Fokus liegt auf der Risikominderung und der Schaffung von Marktpreistransparenz. So bietet der Handel von Agrar-Futures Produzenten, Händlern und Verarbeitern die Möglichkeit, frühzeitig Preis- und somit Kalkulationssicherheit zu erlangen. Von der Marktpreistransparenz profitieren sie, indem sie die veröffentlichten Preise und Umsätze als Grundlage ihrer Produktions- und Vermarktungsentscheidungen nutzen. Darüber hinaus bietet die WTB auch alle anderen klassischen Funktionen einer Warenterminbörse, z. B. die chancenorientierte Anlage.

Die DEKREBO Kredit Börse Deutschland ist ebenfalls auf Risikosteuerung ausgerichtet. Der private Marktplatz fungiert seit Oktober 2004 Bankengruppen-übergreifend als Bindeglied zwischen Forderungskäufern und -verkäufern. Geschäftsziel ist der Handel von Einzelkrediten zur aktiven Kreditportfoliosteuerung. DEKREBO-Kunden können so Klumpenrisiken* abbauen und von erweiterten Möglichkeiten bei der Kreditvergabe profitieren. Sie erlangen dadurch wie die WTB-Kunden einen Zuwachs an Flexibilität und Wettbewerbsfähigkeit.

Die Risk Management Exchange Hannover (RMX) ist eine öffentlich-rechtliche Börse. Sie unterliegt der Aufsicht des Landes Niedersachsen. Die Kernkompetenz der RMX besteht im Angebot bedarfsgerechter Risikosteuerungs-Lösungen. Basis dieser Lösungen ist der Abschluss von Geschäften mit Waren. Der Handel ist in die Segmente RMX Commodities und RMX Creparts unterteilt: RMX Commodities umfasst den Abschluss von Warenterminkontrakten (Futures) auf Agrarprodukte. Für RMX Creparts (Credit Participations) wird derzeit die Plattform zum Handel von Darlehensforderungen aufgebaut. Beide Segmente bieten Kunden entscheidende Vorteile:

- effizientes Risiko- und Ressourcen-Management
- hohe Markttransparenz zu niedrigen Informationskosten
- faire Marktpreise
- mehr Flexibilität und Wettbewerbsfähigkeit

In der Summe führen diese Vorteile zu einer höheren Stabilität der Sektoren, in denen die Marktteilnehmer tätig sind: dem Agrar-

und Ernährungs- sowie dem Bankensektor. Die RMX erfüllt somit auch eine gesamtwirtschaftliche Aufgabe.

Die Produktpalette der RMX

Gehandelt werden Warenterminkontrakte auf folgende Agrarprodukte:

- Ferkel
- Schlachtschweine
- Speisekartoffeln
- European Processing Potatoes**
- London Potatoes***
- Weizen
- Braugerste

Weitere Informationen im Internet unter: www.rmx-online.de.

*Damit sind Ausfallrisiken im Bankwesen gemeint, die die Risikofähigkeit einer Bank erreichen oder übersteigen. Geht eine Bank derartige Risiken ein, etwa durch Vergabe von Großkrediten an einen einzelnen Kreditnehmer, besteht die Gefahr, dass beim Ausfall dieses Schuldners die Bank als Ganzes in Schwierigkeiten gerät.

**Kartoffeln aus Deutschland, Belgien, Holland und Frankreich, die sich wegen ihrer Qualitätsmerkmale besonders gut zur Weiterverarbeitung eignen.

***So wird die Gesamtheit aller am britischen Markt gehandelten Kartoffeln bezeichnet.

Analyse – die Basis für den Erfolg im Terminmarkt

„Ich kann zwar die Bahn der Gestirne auf Zentimeter und Sekunden genau berechnen, aber nicht, wohin eine fanatische Menge die Börsenkurse treiben kann!“, soll Isaac Newton einmal gesagt haben, nachdem das Physikgenie an der Börse ein Vermögen verloren hatte. Unzählige Male hat man schon versucht, die Kursentwicklung an den Börsen gesetzmäßig vorauszusagen. Getrieben durch die Hoffnung auf sichere Profite entstand ein breites Feld an abenteuerlich anmutenden Theorien, die aber alle bald wieder in der „Science Fiction“-Schublade abgelegt wurden.

Es sind auch nicht gerade wenige, die immer wieder versuchen nachzuweisen, dass alle Kursbewegungen an der Börse rein zufällig und in keiner Weise vorhersehbar sind. Diese Meinung ist auch heute noch sehr populär und für manchen Ökonomen hat sie einen gewissen theoretischen Charme. Würde sie aber stimmen, dann wäre jegliches methodische Bemühen um einen überdurchschnittlichen Börsenerfolg aussichtslos und reine Zeitverschwendung. Doch sie ist widerlegt und die Zahl der Gegenbeispiele groß. Vor allem auf der Basis der Technischen Analyse werden unbestreitbare und nachweisbare Erfolge erzielt. Mit der Analyse hält man den Schlüssel zur Börse in der Hand, ohne aber an eine bestimmte Theorie glauben zu müssen. Sicher ist nur eines: Börsenkurse schwanken und der Grund für diese Schwankungen liegt im Zusammenspiel von Angebot und Nachfrage in den jeweiligen Märkten. Auf diesem Grundsatz basieren die beiden großen Analysesysteme, nämlich die Fundamentalanalyse und die Technische Analyse.

Die Fundamentalanalyse

Die grundsätzliche Aufgabe der Fundamentalanalyse besteht darin, das Umfeld für eine systematische Auswahl der verschiedenen Anlageobjekte zu überprüfen, also den Gesamtmarkt nach vorher festgelegten Prüfkriterien zu untersuchen. Die Fundamentalanalyse ist die Ausgangsbasis für jede Investitionsentscheidung, ganz egal, um welche Art der Investition es sich dabei handelt. Anhand der Fundamentalanalyse erfasst man die Entwicklung festgelegter Einflussfaktoren aus der Vergangenheit und versucht dann, eine Prognose über die mögliche Entwicklung in der Zukunft aufzustellen. Die Fundamentalanalyse umfasst drei grundlegende Einflussfaktoren:

1. Die volkswirtschaftliche Situation

Sie ist von herausragender Bedeutung. Wichtige Indikatoren für Analysten sind besonders die Prognosen der Wirtschaftsforschungsinstitute über die Situation am Arbeitsmarkt, die Umsätze des Einzelhandels, die Auftragslage der Industrie, die industrielle Produktion, die Auslastung industrieller Kapazitäten und das allgemeine wirtschaftliche Klima. Diese realwirtschaftlichen Indikatoren werden von Daten zur Geld- und Währungspolititk der Notenbanken ergänzt, deren Aufgabe es ist, die Ziele der Wirtschaftspolitik der jeweiligen Regierung zu unterstützen. Durch ihre geldpolitischen Instrumente steuern die Notenbanken die Liquidität des Geldmarktes, was wiederum mehr oder weniger direkte Auswirkungen auf das Zinsniveau zur Folge hat.

2. Die politische Lage

Das politische Umfeld hat ebenfalls eine wichtige Bedeutung und wird von den Märkten stets sehr genau verfolgt. Außenpolitische Ereignisse, innenpolitische Stabilität und die Ausrichtung der nationalen Wirtschaftspolitik haben einen sehr wesentlichen

Einfluss auf die Einschätzung der Marktentwicklung. Politische Einflussfaktoren haben sehr große Auswirkungen auf die gesamtwirtschaftlichen Rahmenbedingungen einerseits und auf die wirtschaftlichen Perspektiven mancher Unternehmen andererseits. Bei einem starken Kursverfall des Dollars zum Beispiel ist die Ertragserwartung stark exportabhängiger Unternehmen eingeschränkt.

3. Die einzelwirtschaftlichen Faktoren

Eine gesamtwirtschaftliche Analyse ist die Basis für die Auswahl geeigneter Terminmarktprodukte. Um ihre Entwicklung beurteilen zu können, muss zusätzlich das zugrunde liegende Basisobjekt analysiert werden. Für Optionen auf Aktien ist deshalb die einzelwirtschaftliche Analyse unumgänglich. Bei Zinsfutures müssen die Basisprodukte auf mögliche volkswirtschaftliche Einflüsse einerseits und die Bonität des Emittenten andererseits untersucht werden.

Bei Commodities, also landwirtschaftlichen Produkten, sind saisonale Gegebenheiten und Witterungsverhältnisse die wichtigsten Aufgaben der Fundamentalanalyse. Bei den Rohstoffen gilt es, auf fundamentaler Basis die Abnehmerbranchen und eventuell auch internationale Vereinbarungen in die Analyse mit einzubeziehen. Ein wesentliches Interesse der Fundamentalanalyse kommt den Ergebnissen der Aktiengesellschaften zu, die aus den Bilanzen ersichtlich werden.

Wenn Sie sich mit dem Handel von Optionen auf Aktien beschäftigen wollen, dann sollten Sie der Fundamentalanalyse auch eine gewisse Beachtung schenken, denn sie ermöglicht so manche Prognose über die Marktentwicklung.

Wirtschaftsindikatoren und Terminmarktprodukte

In allen westlichen Industrienationen werden Wirtschaftsindikatoren veröffentlicht und von Analysten in ihre Arbeit einbezogen. Ein wesentlicher Bestandteil der Fundamentalanalyse ist es, die Auswirkungen dieser unterschiedlichen Indikatoren richtig zu erfassen und zu deuten. Im Folgenden wollen wir uns einige dieser Indikatoren einmal näher ansehen und ihre Auswirkungen auf die Entwicklung der Zinsfutures betrachten. Dabei ist zu beachten, dass die Kurse der Zinsfutures sich immer gegensätzlich zum Zinsniveau entwickeln. Das bedeutet, wenn die Zinsen fallen, dann steigen die Kurse der Futures und umgekehrt (vgl. Abb. 6.1).

Abb. 6.1

Arbeitslosenzahl	Eine rückläufige Arbeitslosenzahl geht in der Regel mit einer gesteigerten Nachfrage nach Krediten einher. Der allgemeine Verbrauch steigt und damit auch die Zinstendenz. Zinsfutures geben nach!
Auftragslage der Wirtschaft	Steigende Auftragseingänge sind ein Indiz für zunehmende wirtschaftliche Aktivitäten, was wiederum einen Anstieg der Zinsen zur Folge hat. Die Kurse für die Zinsfutures stagnieren dann. Fallende Zinsen signalisieren abnehmende wirtschaftliche Aktivitäten und haben eine Lockerung der Zinsschraube zur Folge. Die Futures-Preise steigen!
Bruttosozialprodukt	Eine Zunahme des wirtschaftlichen Wachstums spricht für sehr lebhafte wirtschaftliche Aktivitäten und damit ➤

	für eine Zunahme der Inflationsgefahr. Die Notenbank greift mit einem Anziehen der Zinsen ein, was eine Schwächung der Futures-Kurse nach sich zieht.
Umsätze des Einzelhandels	Wenn die Umsätze des Einzelhandels steigen, dann lässt dies auf eine stärkere Kreditnachfrage schließen, was wiederum ansteigende Zinsen und ein Nachgeben der Zinsfutures zur Folge hat.
Handelsbilanz	Verringern sich die Defizite in der Handelsbilanz, stabilisiert dies den Außenwert der Währung. Dadurch entspannt sich die Zinslage und die Zinsfutures festigen sich.
Industrielle Produktion	Eine Zunahme der Industrieproduktion ist ein Indiz für einen wirtschaftlichen Aufschwung. Dies führt zu einer Anspannung im Zinsgefüge, was wiederum eine Entspannung der Futures-Kurse zur Folge hat.

Wie Sie sehen, sind die Wirtschaftindikatoren ein zuverlässiges Trendbarometer für die Zinsfutures. Für Hedger unter den Marktteilnehmern bietet die Fundamentalanalyse mit ihrem mittel- bis langfristigen Betrachtungshorizont ein hilfreiches und wertvolles Instrumentarium. Für die Spekulanten spielt jedoch ein kürzerer Anlagehorizont eine weitaus wichtigere Rolle. Die Fundamentalanalyse verliert für sie an Nutzen, da sie kurzfristige Marktverhältnisse nicht erfasst. Das ist einer der Gründe, warum die Technische Analyse bei Spekulanten und kurzfristig orientierten Tradern so populär ist und ständig an Zulauf gewinnt.

Die Technische Analyse

„Fundamentalisten" vertrauen darauf, dass ein von ihnen ermittelter Wert eines Titels sich auch als Börsenkurs festigen wird. Das kann erhebliche Risiken in sich bergen, wenn der Markt auch nur für eine kurze Zeit gegen die Kursprognose läuft. Vor allem bei Futures und Optionen kann genau das ein finanzielles Desaster bedeuten. Im Terminmarkt kommt es stets darauf an, sofort richtig zu liegen.

Genau dies ist das Ziel der Technischen Analyse. Sie umgeht die Problematik der Fundamentalanalyse und orientiert sich anstatt an vagen fundamentalen Daten allein an unbezweifelbaren Tatsachen, nämlich dem effektiven Börsenkurs. Sie geht davon aus, dass im Kurs bereits alle relevanten Faktoren berücksichtigt sind. Die Bewertung von Ereignissen, Nachrichten und Kommentaren interessiert in der Technischen Analyse niemanden. Die Skala der veröffentlichten, fundamentalanalytisch begründeten Meinungen umfasst gerade in kritischen Phasen meist alle denkbaren Varianten.

Technische Analysten akzeptieren hingegen nur eine einzige Bewertung, nämlich diejenige, die sich jeden Börsentag aus demokratischer Abstimmung über den Wert eines Titels als Börsenkurs ergibt. Der „Techniker" kauft einen Titel nicht etwa deshalb, weil er diesem positiv gegenüber gestimmt ist, sondern weil seine sorgfältige und kritische Technische Analyse ihm dies nahelegt. Die Börse „heiß und innig lieben, sie aber eiskalt und nüchtern behandeln" – diesem Grundsatz wird die Technische Analyse mehr als gerecht. Der Grundgedanke, dass der Markt immer recht hat, stellt einen der Eckpfeiler der Technischen Analyse dar.

Kurse bewegen sich in Trends

Das Konzept des Trends ist für die Technische Analyse von grundlegender Bedeutung. Der ganze Sinn der Prognose der Kursbewegungen in den Terminmärkten besteht darin, Trends frühzeitig zu erkennen und ihrer Entwicklung durch die Eröffnung einer Position in entsprechender Richtung zu folgen. Die meisten Techniken, die in der Technischen Analyse benutzt werden und die Sie alle lernen sollten, folgen dem Trend. Das bedeutet, ihr Sinn besteht darin, einen Trend zu erkennen und mit ihm mitzugehen, egal, wohin er sich auch bewegt. Die grundlegende These, dass sich Kurse in Trends bewegen, hat sich in der Praxis schon oft bewahrheitet. Ein Trend hat eine höhere Wahrscheinlichkeit weiterzulaufen, als sich umzukehren. Mit anderen Worten: Ein Trend in Bewegung dauert so lange an, bis er seine Richtung ändert! Der gesamte Trendfolgeansatz besteht darin, einen bestehenden Trend so lange auszunutzen, bis er Zeichen für eine Umkehr zeigt.

Der Grundgedanke der Technischen Analyse und damit das Studium der Marktbewegungen hat mit der menschlichen Psychologie zu tun. Charts, die zum Beispiel die Kursentwicklung der letzten 50 Jahre katalogisieren, zeigen, dass in den Kursgrafiken immer wieder ähnliche Veränderungen auftreten. Diese Veränderungen kennzeichnen die positive oder negative Psychologie im Markt. Da derartige Kursmuster in der Vergangenheit recht zuverlässig funktioniert haben, nimmt man an, dass sie auch in der Zukunft wieder auftreten, denn ihre Grundlage ist ja die menschliche Psychologie, die sich bekanntlich kaum ändert. Eine andere Möglichkeit zur Umschreibung dieser These ist, dass man davon ausgeht, dass der Schlüssel für das Verständnis der Zukunft in der Kenntnis der Vergangenheit liegt. Denken Sie an den Satz von Jesse Livermore: „Das, was an der Börse heute passiert, passierte schon x-mal davor und wird sich auch noch x-mal wiederholen!“

„Fundis“ versus „Techniker“

Beide Analysemethoden haben prinzipiell dasselbe Ziel, nämlich die Richtung zu bestimmen, in die sich die Kurse bewegen werden. Sie gehen diese Aufgabe nur auf unterschiedliche Weise an. „Fundamentalisten“ untersuchen die Gründe für die Kursbewegung, während „Techniker“ ausschließlich die Auswirkungen derselben analysieren. Sie beschränken sich darauf, dass die Auswirkungen alles sind, was man wissen muss, und dass die Gründe und Ursachen dafür nicht wichtig sind. Der Fundamentalist will hingegen wissen, warum etwas passiert ist.

Die meisten Terminmarkt-Trader bekennen sich entweder zur Fundamentalanalyse oder zur Technischen Analyse. Doch in der Praxis gibt es eine ganze Menge Überschneidungen. Die meisten Fundamentalisten verfügen über ein entsprechendes Grundwissen über die Technische Analyse und lesen auch Charts. Auf der anderen Seite kennen sich auch viele Techniker in der Fundamentalanalyse aus. In beiden Lagern gibt es natürlich auch die „ganz Extremen“, die alles grundsätzlich in Frage stellen, was von der anderen Seite kommt. Das liegt auch daran, dass Charts und Fundamentaldaten nicht selten im krassen Widerspruch zueinander stehen. Gerade zu Beginn eines Trends ist es oft der Fall, dass Fundamentaldaten nicht erklären können, in welche Richtung sich der Markt bewegt. Und in kritischen Zeiten, in denen der Trend anspringt oder sich dreht, scheinen sich die beiden Ansätze grundlegend zu unterscheiden. Sie kommen aber nach einer gewissen Zeit auch immer wieder zusammen. Doch dann ist es für den Trader oft zu spät, angemessen zu handeln. Eine mögliche Erklärung für diese scheinbaren Unterschiede ist die, dass die Börse den bekannt werdenden Fundamentaldaten vorauseilt und die Entwicklung vorwegnimmt. Das heißt, der Markt liefert einen vorauslaufenden Indikator für die Fundamentaldaten beziehungsweise das allgemeine Wissen zu einem bestimmten Zeitpunkt. Viele der ganz großen Börsentrends haben fast ohne feststellbare Änderung bei den Fundamentaldaten begonnen. Als die Änderungen bekannt wurden, war der Trend bereits voll im Gange.

Mit zunehmender Erfahrung entwickelt der Technische Analyst ein gewisses Vertrauen in seine Fähigkeit, Charts zu lesen und zu interpretieren. Er gewöhnt sich an Situationen, in denen die Bewegungen der Märkte entgegen dem aktuellen Wissensstand laufen, und beginnt damit, die Minderheit, der auch er angehört, zu mögen. Er ist sich stets bewusst, dass die fundamentalen Gründe für die aktuelle Marktbewegung bekannt sein werden, allerdings wartet er nicht, bis die Bestätigung allgemein bekannt ist. Akzeptiert man erst einmal den Ansatz und die Grundlagen der Technischen Analyse, dann wird schnell klar, warum die Techniker davon überzeugt sind, dass ihre Methode der Fundamentalanalyse überlegen ist. Wenn man gezwungen wird, zwischen den beiden Methoden zu wählen, dann wäre eine Entscheidung für die Technische Analyse nur logisch, denn bereits durch seine Definition beinhaltet der technische Ansatz auch den fundamentalen. Wenn die Fundamentaldaten bereits im aktuellen Kurs berücksichtigt sind, dann kann man sich ein Studium derselben eigentlich sparen. Und wenn man es ganz genau nimmt, dann ist praktisch die Technische Analyse eine Kurzform der fundamentalen. Umgekehrt gilt das jedoch nicht! Die Fundamentalanalyse beinhaltet nämlich keine Bewertung der Marktbewegungen. Sie können jederzeit Termingeschäfte machen und ausschließlich auf technische Signale achten. Aber es ist nicht möglich, im Terminmarkt nur auf Fundamentaldaten zu achten und die technischen Aspekte überhaupt nicht zu berücksichtigen.

Analyse und Timing

Das wird deutlich, wenn Sie den Entscheidungsprozess in zwei Stufen einteilen: Anlayse und Timing. Das Timing ist einer der wichtigsten Faktoren im Termingeschäft. Es ist durchaus möglich, dass Sie den allgemeinen Trend korrekt prognostizieren und trotzdem Geld verlieren. Die Margin-Anforderungen sind im Terminhandel so gering, dass bereits eine kleine Preisbewegung in die falsche Richtung Sie dazu zwingen kann auszusteigen. Das kann einen Teil- oder Gesamtverlust der Margin zur Folge haben. Im Aktienmarkt kann ein Kassahändler, der plötzlich feststellt, dass er auf der falschen Seite steht, seine Aktien einfach halten, hoffen und warten, dass der Markt dreht. Wenn Sie aber Optionen auf Aktien handeln, können Sie sich diesen Luxus nicht leisten. Die Buy-and-Hold-Strategie kann im Terminmarkt nicht angewendet werden, da die Kontrakte befristet sind. In der ersten Phase der Prognose kann sowohl der technische als auch der fundamentale Ansatz verwendet werden. Die Entscheidung über das Timing, also die Festlegung der Einstiegs- und Ausstiegspunkte, ist ausschließlich eine technische Frage.

Flexibilität

Die herausragende Stärke der Technischen Analyse ist ihre Anpassungsfähigkeit im Hinblick auf nahezu jedes Handelsinstrument und jede zeitliche Dimension. Es gibt keinen Bereich des

Börsengeschäfts, weder den Aktien-, Zins- noch den Terminmarkt, in dem sich diese Prinzipien nicht anwenden lassen. Ganz besonders im Terminmarkt ist es für den Techniker kein Problem, mehreren Märkten zu folgen, während das dem „Fundi" nicht möglich ist. Aufgrund der immensen Datenmenge neigen Fundis meist dazu, sich auf bestimmte Waren zu spezialisieren. Die klaren Vorteile der Technischen Analyse darf man in diesem Zusammenhang nicht übersehen. Märkte haben aktive und inaktive Phasen und zeigen meist klares Trendverhalten. Der Techniker kann seine Aufmerksamkeit und sein Kapital auf Märkte konzentrieren, die ein akzeptables Trendverhalten aufweisen und andere ignorieren. Er kann sein Kapital rotieren lassen und von den Vorteilen der Rotation zwischen verschiedenen Märkten profitieren. Zu unterschiedlichen Zeiten kommt es in bestimmten Märkten zu stärkeren Trends, denen normalerweise ruhige und relativ uninteressante Phasen folgen, während es in anderen Märkten zur Sache geht. Der Techniker hat jederzeit die Freiheit, eine ihm genehme Branche zu wählen.

Der Fundi hingegen, der sich spezialisiert hat, verfügt nicht über diesen Freiraum. Selbst wenn er in der Lage wäre, zwischen einzelnen Branchen oder Produktgruppen zu wechseln, wäre dies für ihn mit einem zu hohen Arbeitspensum verbunden.

Der Techniker hat noch einen weiteren Vorteil: Indem er allen Märkten folgen kann, entwickelt er schnell ein Gefühl dafür, was die einzelnen Märkte in ihrer Gesamtheit tun. Er vermeidet den sogenannten Tunnelblick, der zwangsläufig dann entsteht, wenn er nur einer einzigen Gruppe von Märkten folgt. Durch die teilweise engen wirtschaftlichen Beziehungen zwischen den Märkten ergeben sich aus Kursbewegungen eines Marktes oft wertvolle

Hinweise auf die zukünftige Entwicklung eines anderen Marktes oder einen Gruppe von ähnlichen Märkten.

Eine weitere Stärke der Technischen Analyse ist ihre Fähigkeit, die zeitlichen Dimensionen zu erfassen. Dabei ist es nicht von Bedeutung, ob der Trader kurzfristige Kursveränderungen nutzen oder dem mittel- bis langfristigen Trend folgen will. Es finden stets dieselben Prinzipien Anwendung. Eine Variante, die sehr oft übersehen wird, ist die langfristige Technische Prognose eines Marktes. Die allgemeine Auffassung, dass Charts nur kurzfristig von Nutzen sind und dass man für längerfristige Engagements besser die Fundamentalanalyse einsetzen sollte, ist meiner Meinung nach völlig falsch! In der Praxis haben sich gerade langfristige Technische Prognosen unter Nutzung von Wochen- und Monatscharts als besonders nützlich und treffsicher erwiesen.

Technische Analyse bei Kassawerten und Terminkontrakten im Vergleich

Eine der am häufigsten gestellten Fragen lautet: „Lässt sich die Technische Analyse sowohl auf Terminkontrakte als auch auf Kassawerte anwenden?" Diese Frage lässt sich sowohl mit Ja als auch mit Nein beantworten. Die grundlegenden Prinzipien sind sicher dieselben, aber es gibt doch eine Reihe bedeutender Unterschiede. Die meisten Werkzeuge wie Balkencharts, Kursformationen, Trendlinien, gleitende Durchschnitte und Oszillatoren werden in beiden Bereichen angewendet. Jeder Trader, der diese Konzepte einmal erlernt und verstanden hat, wird keinerlei Mühe haben, sie in den jeweiligen Bereichen einzusetzen. Trotzdem gibt es Unterschiede, was aber mehr mit der Natur der Kassawerte bzw. Terminkontrakte zu tun hat, als mit den Werkzeugen der Analyse selbst.

Die Preisstruktur ist beispielsweise im Rohstoffbereich sehr viel komplizierter als bei Aktien. Rohstoffe werden in unterschiedlichen Einheiten und Preisangaben gehandelt. Der Trader muss die Bedingungen der Kontrakte eines jeden Marktes kennen, er muss wissen, an welcher Börse die Kontrakte gehandelt werden, wie sie spezifiziert werden, wie groß die minimalen und maximalen Preisveränderungen sind und was eine Preisänderung wert ist. Zu jedem Zeitpunkt existiert wenigstens ein halbes Dutzend unterschiedlicher Kontraktmonate auf ein und denselben Basiswert, die zur selben Zeit gehandelt werden. Diese begrenzte Zeitspanne sorgt für gewisse Probleme bei der längerfristigen Preisprognose, was zu der Notwendigkeit führt, ständig neue Charts zu analysieren, sobald der alte Kontrakt sein Handelsende erreicht hat. Der Chart eines ausgelaufenen Kontraktes hat im Prinzip keinerlei Nutzen. Neue Charts müssen für neue Kontrakte analysiert werden, jeweils mit ihren eigenen Technischen Indikatoren. Diese ständige Rotation macht es erheblich schwieriger, die Aktualität einer fortlaufenden Chartsammlung sicherzustellen. Der Analyst hat damit einen höheren Zeitaufwand und auch höhere Ausgaben, da er ständig neue historische Daten einlesen muss, sobald die alten Kontrakte verfallen.

Der gravierende Unterschied zwischen Kassawerten und Terminkontrakten ist jedoch die Hebelwirkung (Leverage). Kleinste Preisveränderungen in die eine oder andere Richtung führen schon zu immensen Änderungen im Ergebnis, was der Grund dafür ist, dass im Terminhandel große Summen an Geld in kürzester Zeit verdient oder verloren werden können. Wenn ein Trader nur fünf Prozent des Kontraktwertes als Sicherheit hinterlegt, dann führt eine fünfprozentige Bewegung in die eine oder andere Richtung bereits dazu, dass er großen Profit oder Verlust macht. Dazu kommt der Zeitfaktor. Es kann durchaus vorkommen, dass man zum Frühstück eine bestimmte Position eröffnet, die am Nachmittag bereits schon wieder beendet sein kann. Dieser Leverage-Faktor ist es auch, der Terminmärkte volatiler aussehen lässt, als sie es in Wirklichkeit sind. Vor dem Hintergrund der Technischen Analyse bedeutet der hohe Leverage-Faktor, dass dem Timing bei Termingeschäften eine weitaus größere Bedeutung zukommt als beim Kassamarkt. Das richtige Timing ist im Terminhandel alles. Eine korrekte Prognose der Marktrichtung löst nur einen kleinen Teil des Tradingproblems. Wenn der Trader die Festlegung eines Einstiegspunktes nur um einen Tag, manchmal auch nur um Stunden, verpasst, kann dies bereits über Profit und Verlust entscheiden. Wenn man Geld verliert, weil man auf der falschen Marktseite positioniert war, dann ist das schlimm. Wenn man aber Geld verliert, obwohl man auf der richtigen Seite stand, dann ist das frustrierend. Ich muss hier sicher nicht extra betonen, dass das Timing ausschließlich technischer Natur ist. Fundamentaldaten ändern sich kaum von einem Tag auf den anderen.

Kritik an der Technischen Analyse

Bei allen Vorteilen, die uns die Technische Analyse vor allem im Terminmarkt bietet, dürfen wir jedoch nicht vergessen, dass auch sie nicht vollkommen ist. Es existieren einige berechtigte Fragen, die natürlich beantwortet werden müssen. So bezweifelt zum Beispiel die Random-Walk-Theorie, dass sich Kurse und Preise überhaupt in Trends bewegen. Ihre Anhänger sind nicht davon überzeugt, dass irgendein Vorhersageansatz eine einfache Kauf- oder Haltestrategie schlagen kann. Eine andere Frage wäre, ob historische Kurs- und Preisdaten wirklich zur Prognose der zukünftigen Preis- und Kursentwicklungen herangezogen werden können.

Überzeugte Kritiker vertreten die Meinung, dass Charts uns zwar erzählen, wo der Markt einmal war, uns aber nicht sagen, wohin er gehen wird. Ich kann aus Platzgründen an dieser Stelle nicht auf alle Fragen und Kritikpunkte eingehen und beschränke mich daher auf meine eigene Meinung:

Natürlich stellt sich die berechtigte Frage, mit welchem Recht die Technische Analyse behauptet, aus der Beobachtung eines vergangenen Kursverlaufs Schlüsse bezüglich der weiteren Entwicklung ziehen zu können. Da wäre zunächst einmal der Hinweis auf die Entstehung der Technischen Analyse. Sie war nämlich von Beginn an keine Theorie, sondern sie entstand aus dem über lange Zeit gesammelten und ständig verfeinerten Erfahrungswissen kühl und objektiv beobachtender Trader und Investoren, die im scheinbaren Chaos realer Kursverläufe stets wiederkehrende Grundstrukturen, Muster und Regelmäßigkeiten erkannten. Natürlich ist hierbei gesunde und vernünftige Kritik angebracht, der sich die Technische Analyse aber immer gestellt hat. Jeder hat die Möglichkeit, die Gültigkeit dieses Wissens und dieser Erfahrungen im Alltag der Börse selbst zu überprüfen.

Des Weiteren darf man auch nicht verkennen, dass die Technische Analyse nicht nur in der Praxis perfekt funktioniert, sondern auch theoretisch plausibel begründet werden kann. Die Technische Analyse bestreitet keinesfalls, dass reale Ereignisse und Entwicklungen die Kursentwicklung mitbestimmen. Sie schlagen sich aber nicht in „Echtzeit" nieder! Vielmehr erfolgt die Abbildung über den Zerrspiegel der Wahrnehmung und Beeinflussung der Börsenteilnehmer und ihrer darauf beruhenden Erwartungshaltung. Wir haben es hierbei also in erster Linie mit der Beurteilung von menschlichen Verhaltensweisen zu tun. Speziell in diesem Punkt lassen sich auch

Regelmäßigkeiten nachweisen, denn auf ähnliche Ereignisse und Entwicklungen reagieren Menschen in der Regel auch mit ähnlichen Verhaltensmustern. Emotionale Reaktionen wie Angst, Gier, Panik und Euphorie, also ganz normale menschliche Züge, lassen sich an der Börse nahezu perfekt studieren. Ähnliche äußere Ereignisse und Entwicklungen, die in Trends erfasst werden, ziehen auch ähnliche Meinungs- und Erwartungstrends nach sich, die wiederum in ähnlichen Verhaltenstrends, an der Börse Kaufen, Verkaufen, Halten oder Glattstellen, resultieren. Die Technische Analyse ist damit nichts anderes, als die Untersuchung der aus dem Verhalten der Marktteilnehmer resultierenden Gesamttrends, insbesondere ihrer Regelmäßigkeiten. Damit ist sie Trendanalyse, Trenddiagnose und Trendprognose in einem. Daraus ergibt sich die Möglichkeit, bestimmte Kurserwartungen abzuleiten. Eine Vorhersage, die nicht auf Fakten gestützt ist, kann auch die Technische Analyse nicht wagen, das bleibt Wahrsagern vorbehalten. Diesen Anspruch erhebt sie auch nicht.

Viele Schlaumeier schlagen vor, die Ergebnisse der Technischen Analyse und der Fundamentalanalyse einfach zu einer Synthese zu vereinen, um daraus eine möglichst perfekte Prognose zu erstellen. Das wäre genauso wünschenswert, wie eine Kapitalanlage mit hundertprozentiger Gewinnaussicht bei null Risiko. Beides ist und bleibt leider Theorie. Selbstverständlich kann mittels der Technischen Analyse das optimale Timing in Phasen erreicht werden, in denen die Trendprognosen übereinstimmen, was die Fundamentalanalyse nicht kann. Doch leider widersprechen sich diese Prognosen oft und gerade auch in Zeiten wichtiger Trendumkehrungen. Was uns die Technische Analyse nicht sagen kann, das werden wir aber auch von der Fundamentalanalyse nicht erfahren. Für Techniker sind fundamentalanalytisch relevante Ereignisse nur als Auslöser technisch wahrscheinlicher Entwicklungen interessant.

Der private Terminmarkt-Akteur, der seine Entscheidungen auf der Basis seines eigenen Urteils treffen muss, wird mit der Anwendung Technischer Indikatoren umso erfolgreicher sein, je konsequenter er auf die Verwässerung technischer Ansätze mit fundamental orientierten Daten verzichtet. Es gibt dazu auch ein Sprichwort: „Willst du etwas wissen, dann frage einen Erfahrenen und keinen Gelehrten!"

Wie Sie zum perfekten Analysten werden

Die Technische Analyse ist ein so umfangreiches Gebiet, dass ich es in diesem Buch wirklich nur ansatzweise behandeln kann. Sie ist aber eine der wichtigsten Voraussetzungen für den Erfolg an der Börse. Eines meiner nächsten Bücher wird sich ganz bestimmt ausschließlich mit diesem Thema befassen. Doch bis dahin können und sollen Sie nicht warten! Sie wollen ja sicher möglichst bald in den Terminmarkt einsteigen, nicht wahr? Bilden Sie sich auf dem Gebiet der Technischen Analyse also weiter. Es gibt bereits gute Bücher auf dem Markt, die u. a. auch auf der Internetseite www.treffpunkt-geld.de regelmäßig besprochen und empfohlen werden. Im Anhang dieses Buches finden Sie ebenfalls ein paar Hinweise.

Abb. 6.2

Praxis-Tipp:

Beginnen Sie mit den Grundlagen, sprich der einfachen Chartanalyse. Auch im Computerzeitalter ist sie noch immer das Herz des technischen ➤

Ansatzes. Erst wenn Sie die Grundlagen der Chartanalyse beherrschen, sollten Sie einen Schritt weiter gehen und sich mit den Details Technischer Indikatoren befassen. Und danach erst spezialisieren Sie sich auf die Besonderheiten der Technischen Analyse der Terminmärkte.

Die Fähigkeit, Märkte und Kursbewegungen zu analysieren und zu prognostizieren, ist nicht nur eine fesselnde, faszinierende und tief befriedigende Beschäftigung, sondern auch etwas, das man ständig perfektionieren sollte. Ihr Konto wird es Ihnen danken!

Geschäftsmöglichkeiten am Terminmarkt

In den vorangegangenen Kapiteln haben wir die Entwicklungsgeschichte des Terminhandels besprochen und uns das nötige Grundwissen über die dazugehörigen Werkzeuge erarbeitet. Nun wissen Sie, worum es geht, wenn die Begriffe „Futures“, „Optionen“, „Leverage“ oder „Commodities“ fallen. Das Wissen darüber ist eine Sache, sicher auch eine wichtige! Doch die praktische Anwendung in den verschiedenen Märkten eine ganz andere. Wie Sie bereits wissen, gibt es eine Vielzahl an Produkten, die einen Handel in jedem Finanz- und Warenmarkt ermöglichen.

Termingeschäfte am Aktienmarkt

Wahrscheinlich gehören Sie bereits zu den vielen Anlegern, die bereits das eine oder andere Geschäft mit Aktien an der Börse abgeschlossen haben, und besitzen vielleicht sogar ein Depot, in dem Sie verschiedene Titel verwalten. Wenn Sie in diesem Segment Erfahrungen mitbringen, dann ist das sicher von Vorteil, denn Sie kennen sich mit den Basiswerten aus.

Die Spekulation am Aktienmarkt hat eine lange Tradition. Berühmte Investoren wie Jesse Livermore, William D. Gann oder Warren Buffett haben in diesem Marktsegment ihre gigantischen Vermögen aufgebaut. Aktien-Termingeschäfte waren neben den Zins-Termingeschäften diejenigen, die in den letzten Jahrzehnten ein rasantes Wachstum verzeichnen konnten und die traditionellen Warentermingeschäfte in der Gunst der Spekulanten längst überholt haben. Aktien-Termingeschäfte lassen sich ideal mit Kassageschäften am Aktienmarkt kombinieren und sind heute aus dem modernen Fondsmanagement nicht mehr wegzudenken.

Die wichtigsten Motive für ein Aktien-Engagement am Kassamarkt sind:

1. substanzielles Wachstum eines Unternehmens, das sich in Kursgewinnen widerspiegelt
2. jährliche Beteiligung am Ertrag des Unternehmens in Form von Dividenden, die für ein entsprechendes Einkommen der Aktionäre sorgen.

Während der Anleger mit Kassa-Engagements prinzipiell nur bei positiver Unternehmensentwicklung profitiert, können Sie mit Terminmarktprodukten auch bei fallenden Aktienkursen gute Profite machen. Termingeschäfte auf Aktien machen ein modernes und maximal profitables Aktienengagement erst perfekt. Grundsätzlich gibt es drei Möglichkeiten, am Aktienmarkt zu spekulieren. Die notwendigen Produkte dazu sind Optionen auf Aktien sowie Futures und Optionen auf Aktienindizes.

Optionen auf Aktien

Aktienoptionen verbriefen das Recht zum Kauf (Call) oder Verkauf (Put) von Aktien bzw. zum Erhalt einer Ausgleichszahlung in bar bei Überschreiten (Call) oder Unterschreiten (Put) eines bestimmten Aktienkurses. Als Käufer von Aktienoptionen ist für Sie die Kursentwicklung der Aktie das entscheidende Kriterium. Als Inhaber eines Calls profitieren Sie in der Regel von steigenden, als Inhaber eines Puts von fallenden Kursen.

Wenn Sie bisher Aktien am Kassamarkt gekauft haben und nun damit beginnen, Optionen auf bestimmte Aktien zu kaufen, wandeln Sie sich im wahrsten Sinne des Wortes vom Investor zum Spekulanten. Sie interessieren sich nicht mehr ausschließlich für die wirtschaftliche Entwicklung eines Unternehmens, sondern allein für die Entwicklung des Aktienkurses. Das Faszinierende an der Spekulation mit Aktienoptionen ist die enorme Hebelwirkung. Sie können bereits mit relativ wenig Eigenkapital in großem Stil von den Kursbewegungen der Aktien profitieren. Das gilt nicht nur für steigende Kurse, sondern auch für fallende. Es ist beileibe keine Seltenheit an der Börse, dass Optionen auf Aktien in kurzer Zeit von 10 auf 50 Euro steigen und damit aus 10.000 Euro schnell einmal 50.000 werden. Anstatt wie bisher Aktien direkt zu kaufen, kann es von Vorteil sein, lediglich Optionen auf Aktien zu erwerben. Steigt die Aktie in einem Zeitraum von zwei Monaten um nur fünf Prozent, kann Ihre Option in der selben Zeit 100 bis 200 Prozent zulegen.

Aktienoptionen sind nicht nur etwas für reinrassige Spekulanten, sondern lassen sich auch hervorragend in eine langfristige Investmentstrategie einbauen. Viele erfolgreiche Fondsmanager praktizieren das. So etwa George Soros, der das Aktiengeschäft seines Quantum Funds vor allem mit Optionen auf die Gesamtmarktentwicklung unterstützt. Man nennt das auch „Makro-Investing“, ein Begriff, der besonders von Soros geprägt wurde. Sie können beispielsweise Ihre Engagements in Blue Chips, also Aktien der großen, bedeutenden Unternehmen, über Optionen tätigen. Diese Unternehmen wachsen verständlicherweise nicht mehr so stark, wie kleinere, junge Firmen. Mit Optionen haben Sie die Möglichkeit, von den Kursveränderungen der Blue Chips besonders zu profitieren.

Grundlegende Strategien mit Aktienoptionen

Die Basisstrategien im Optionsgeschäft sind gleichzeitig auch diejenigen Strategien, die sich für die Spekulation auf Aktien am besten eignen. Es sind der Long Call, Short Call, Long Put und der Short Put (vgl. Abb. 7.1).

Abb. 7.1

Beispiel für einen Long Call

Der Kassakurs einer Aktie beträgt am 15. März 100,10 Euro. Sie erwarten in den nächsten Monaten einen Kursanstieg der Aktie und eröffnen folgende Position:

Kauf: eine Aktie Juni-Call, Basispreis 100 Euro zu sieben Euro

Wenn der Kurs der Aktie steigt, wird auch der Optionspreis steigen. Sie können dann entweder die Option mit Gewinn verkaufen oder sie ausüben und die Aktien zum günstigeren Ausübungspreis kaufen.

Als Call- Käufer erreichen Sie die Gewinnzone, sobald der Kurs der Aktien den Break-even-Point (Basispreis + Optionspreis + Spesen) übersteigt. Liegt der Kurs am Verfallstag der Option in unserem Beispiel unter 107 Euro (Spesen wurden nicht berücksichtigt),

Abb. 7.2

Beispiel für einen Short Call

Der Kassakurs einer Aktie liegt im Februar bei 64,70 Euro. Sie prognostizieren, dass der Kurs zum März hin stagniert und gehen folgende Position ein:

Verkauf: zehn Aktien März-Calls, Basispreis 65 Euro zu 2,80 Euro

Stagniert der Kurs dieser Aktie, wird die Option vom Optionskäufer nicht ausgeübt. Sie als Verkäufer erzielen einen Gewinn in Höhe der Optionsprämie.

erleiden Sie einen Verlust. Dieser ist auf den Wert des Optionspreises beschränkt, da die Option wertlos verfällt (vgl. Abb. 7.2).

Abb. 7.3

Beispiel für einen Long Put

Mitte Februar liegt der Kurs einer Aktie bei 196,30 Euro und Sie erwarten, dass er bis März noch weiter fällt. Sie gehen deshalb folgende Position ein:

Kauf: eine Aktie März-Put, Basispreis 190 Euro zu 7,50 Euro

Wenn der Kurs nun wirklich weiterfällt, steigt der Preis Ihrer Option. Sie können diese mit Gewinn verkaufen oder die Aktie zum höheren Basispreis verkaufen.

Sie erzielen mit dieser Strategie also einen Gewinn, wenn der Aktienkurs am Verfallstag unter dem Break-even-Point (Basispreis) liegt (vgl. Abb. 7.3).

Abb. 7.4

Beispiel für einen Short Put

Der Kurs einer Aktie liegt Mitte Februar bei 50,80 Euro. Sie erwarten stagnierende oder leicht ansteigende Kurse bis Ende März und gehen folgende Position ein:

Verkauf: ein März-Put, Basispreis 50 Euro zu zwei Euro ➤

Stagniert nun der Kurs, wird der Put nicht ausgeübt. Sie erzielen einen maximalen Gewinn in Höhe der vereinnahmten Optionsprämie.

Mit dieser Strategie erzielen Sie einen Gewinn, wenn der Aktienkurs unter den Break-even-Point (Basispreis abzüglich Optionspreis) fällt. Liegt er darüber, erleiden Sie einen Verlust, der aber wiederum auf die Optionsprämie beschränkt bleibt (vgl. Abb. 7.4).

In diesem Beispiel wir der Käufer seine Option, an Sie zu verkaufen, wahrnehmen, sofern der Kurs der Aktie am Verfallstag unter seinen Break-even-Point (Basispreis + Spesen) sinkt. Sinkt er unter den Break-even-Point, so erzielen Sie einen Gewinn in Höhe der Differenz zwischen Kassakurs und Basispreis zuzüglich der vereinnahmten Optionsprämie.

Sie machen Verlust, wenn der Kurs unter Ihren Break-even-Point fällt, das heißt unter den Basispreis abzüglich Optionsprämie (48 Euro). Sie hätten in diesem Fall die Aktie am Kassamarkt billiger erwerben können. Steigt der Kurs über 52 Euro, so wird der Käufer seine Option verfallen lassen und Ihr Gewinn beschränkt sich auf die Optionsprämie.

Absicherung mit Aktienoptionen (Hedging)

Aktienoptionen können nicht nur zur Spekulation sondern auch zur Absicherung von bestehenden Kassapositionen eingesetzt werden. Mit dem Kauf von Puts (Long-Put-Positionen) können Sie Ihre einzelnen Aktienbestände bei sinkenden Kursen absichern, da der Wert von Puts bei sinkenden Kassakursen steigt. Mittels Long Puts haben Sie zudem das Recht, Ihre Kassaposition zum Basispreis zu verkaufen, selbst wenn sie unter diese Marke fällt. Wenn Sie jedoch

Abb. 7.5

Beispiel einer Long-Put-Position zur Absicherung

In Ihrem Portfolio befinden sich 1.000 Aktien, die Sie zum Kurs von 23,50 Euro erworben haben. Der Kurs liegt Ende Januar bei 26 Euro. Sie beabsichtigen, die Aktien zu halten, vermuten jedoch einen vorübergehenden Kursverfall. Also sichern Sie den Kassabestand ab, indem Sie Puts auf die Aktien mit Basispreis 26 Euro kaufen.

Ihre Position: Kauf von zehn Februar-Puts, Basispreis 26 Euro zu 0,80 Euro

Kassakurs am Verfallstag	Wert Put Februar 26,00 Euro	Gew./Verl. pro Einheit der Option	Gew./Verl. pro Aktie	Gesamt Gew./Verl.
23,50	2,50	1,70	- 2,50	- 0,80
24,00	2,00	1,20	- 2,00	- 0,80
24,50	1,50	0,70	- 1,50	- 0,80
25,00	1,00	0,20	- 1,00	- 0,80
25,50	0,50	- 0,30	- 0,50	- 0,80
26,00	0	- 0,80	0	- 0,80
26,50	0	- 0,80	0,50	- 0,30
26,80	0	- 0,80	0,80	0
27,00	0	- 0,80	1,00	0,20
27,50	0	- 0,80	1,50	0,70
28,00	0	- 0,80	2,00	1,20
28,50	0	- 0,80	2,50	1,70

➤

Für diese Gesamtdarstellung gilt:
Gewinn/Verlust der Optionsposition = Gewinn/Verlust pro Kontrakt x Anzahl der Kontrakte (10) x Kontraktgröße (100)

Gewinn/Verlust der Aktienposition = Gewinn/Verlust pro Aktie x Anzahl der Aktien (1.000)

Gewinn/Verlust der Gesamtposition =
Gewinn/Verlust der Optionsposition + Gewinn/Verlust der Aktienposition

nicht verkaufen wollen, dann stellen Sie die Put-Position glatt. Der realisierte Gewinn wird dann den Wertverfall Ihrer Kassaposition kompensieren (vgl. Abb. 7.5).

Optionen auf Aktien sind sowohl für den reinen Spekulanten interessant als auch für denjenigen, der Kassapositionen besitzt und diese gegen Kursverfall absichern will.

Futures und Optionen auf Aktienindizes

Terminkontrakte auf Aktienindizes, Index-Futures und Indexoptionen haben die Finanzmärkte erheblich bereichert. Seit ihrer Einführung im Jahr 1982 in den USA stieg das Handelsvolumen bei diesen modernen und zeitgemäßen Produkten stetig an und erfreut sich auch heute noch beständigen Wachstums. Terminkontrakte auf Indizes bieten einerseits ideale Absicherungsmöglichkeiten gegen Kursschwankungen eines Marktes. Andererseits bieten sie dem Spekulanten eine hervorragende Chance, ohne hohen Kapitalaufwand gezielt auf die Entwicklung des betreffenden Marktes zu setzen. Terminkontrakte werden heute auf nahezu alle Aktienindizes der Welt gehandelt. Der größte Markt dafür sind die USA, doch auch Europa kann sich diesbezüglich sehen lassen.

Grundlegende Strategien mit Futures auf Aktienindizes

Index-Futures sind standardisierte Terminkontrakte zwischen zwei Parteien und beinhalten die Verpflichtung, ein bestimmtes Finanzinstrument (Basiswert, z. B. DAX) in festgelegter Menge (Kontraktgröße) zu einem festgelegten Zeitpunkt (Verfallstermin) zu einem im Voraus festgelegten Preis (Futures-Preis) zu übernehmen (Käufer) oder zu liefern (Verkäufer). Der Vertragsabschluss (Kauf/Verkauf) und die Vertragserfüllung (Lieferung/Zahlung) sind zeitlich getrennt, die Preisfestlegung erfolgt bereits zum Zeitpunkt des Vertragsabschlusses.

Der folgende Chart (Abb. 7.6) zeigt den Verlauf des DAX seit 1996. Mit dem DAX habe ich meine ersten erfolgreichen Termingeschäfte gemacht und er brachte mir immer gute Profite. Aus diesem Grund

Abb. 7.6

habe ich ein ganz besonderes Verhältnis zum Deutschen Aktienindex, weshalb ich Ihnen die folgenden Geschäfte anhand des DAX vorstellen möchte.

Der DAX ist seit dem 1. Juli 1998 das Trendbarometer für den deutschen Aktienmarkt. Im Gegensatz zu anderen Indizes wird er während der Börsensitzung anhand fortlaufender Notierungen Minute für Minute neu berechnet. So stellt er quasi ein imaginäres Aktienportfolio aus repräsentativen Titeln dar. Die einzelnen Titel gehen allerdings nicht gleichwertig in den DAX ein, sondern sind gewichtet. Der DAX ist ein Performance-Index, das heißt, die Wertveränderung verhält sich entsprechend des zugrunde liegenden, imaginären Aktienportfolios. Wie jeder andere Terminkontrakt ist auch der DAX-Future standardisiert (vgl. Abb. 7.7).

Ein Kurs von 6.000 Punkten entspricht damit einem Kontraktwert im DAX-Future von 150.000 Euro. Der DAX-Wert wird zwar bis

Abb. 7.7

DAX-Future

Kontraktwert:	25 Euro pro Indexpunkt des DAX
Tick-Größe:	0,5 Punkte = 12,50 Euro
Verfallsmonate:	Die jeweils nächsten drei Quartalsmonate des Zyklus März, Juni, September und Dezember
Letzter Handelstag:	Der dritte Freitag des Verfallsmonats, wenn dies ein Börsentag ist, ansonsten der davor liegende Börsentag

Weitere Details zum DAX-Future finden Sie unter: www.eurexchange.com

auf den hundertsten Teil eines Punktes berechnet, der Future aber nur auf halbe Punkte gehandelt.

Wie bei Futures üblich ist wegen des niedrigen Einschusses die Kapitalbindung relativ gering. Die Hebelwirkung trägt ihren Teil bei. Bewegt sich nun der DAX um 100 Punkte, verändert sich der Kontraktwert um bereits 2.500 Euro. Mit dem DAX-Future können Sie ein ideales Makro-Investing, also eine Spekulation auf den deutschen Gesamtmarkt, realisieren, ohne die einzelnen Titel kaufen zu müssen. Bei den grundlegenden Strategien unterscheidet man, wie bei allen anderen Futures auch, zwischen Long- und Short-Futures. Die Margin beträgt in der Regel um die fünf Prozent, was bei einem Kontraktwert von 150.000 Euro einen Betrag von 7.500 ergibt (vgl. Abb. 7.8).

Kursveränderungen in dieser Größenordnung sind beinahe alltäglich. Sie sehen an diesem Beispiel, dass Sie durch den Einsatz von Index-Futures in kurzer Zeit ziemlich viel Geld verdienen

Abb. 7.8

Beispiel für einen Long-Future

Sie gehen in einem DAX-Kontrakt long bei einem Kurs von 6.000 Punkten.
Ihre Margin beträgt 75 Euro.
Der DAX steigt nun auf 6.150 Punkte.
Das hat zur Folge, dass Ihr Kontrakt um 300 Ticks steigt.

Ihre Erfolgsrechnung:

300 x 12,50 = 3.750 Euro oder, bezogen auf Ihren Einsatz, 50 Prozent.

Abb. 7.9

Beispiel für einen Short-Future

Sie erwarten eine Korrektur der Börse nach unten und verkaufen einen Kontrakt von 6.000 Punkten.
Ihre Margin beträgt 7.500 Euro.
Ihre Prognose stimmt, der DAX fällt auf 5.820 Punkte.

Ihre Erfolgsrechnung:

360 x 12,50 = 4.500 Euro oder, bezogen auf Ihren Einsatz, 60 Prozent.

können. Gehen Sie short, verkaufen Sie also den DAX-Kontrakt, dann spekulieren Sie auf fallende Kurse. Sie stellen die Position später wieder glatt, indem Sie das Gegengeschäft (Kauf) tätigen (vgl. Abb. 7.9).

Spekulation und Hedging mit Index-Futures

Die Risiken eines Aktiendepots bestehen einerseits aus unternehmerischen und branchenspezifischen (unsystematischen) Risiken und andererseits aus dem (systematischen) Gesamtmarktrisiko. Unsystematische Risiken reduzieren Sie als vernünftiger Investor durch eine möglichst breite Diversifikation Ihres Depots. Das Marktrisiko hingegen können Sie dadurch nicht absichern. Hier kommt ein weiterer Vorteil von Index-Futures zum Tragen. Denn diese eignen sich vorzüglich, um ein Gesamtmarktrisiko einzuschränken. Grundsätzlich unterscheidet man dabei zwischen einem Short Hedge und einem Long Hedge (vgl. Abb. 7.10 und 7.11).

Abb. 7.10

Beispiel für einen Short Hedge

Angenommen Sie besitzen ein Depot mit deutschen Aktien im Gesamtwert von 500.000 Euro. Der Beta-Faktor (statistische Messgröße für die Empfindlichkeit einer bestimmten Aktie im Hinblick auf Schwankungen des gesamten Aktienmarktes) Ihres Depots beträgt 1,10. Der DAX liegt in diesem Beispiel bei 6.260 Punkten. Aufgrund der allgemeinen Marktlage ist zu befürchten, dass in den nächsten Monaten am deutschen Markt ein Kursrückgang einsetzt. Sie entschließen sich, den möglicherweise bevorstehenden Wertverlust Ihres Depots abzufangen und gehen mit DAX-Futures short.

Benötigte Anzahl der Futures:
Beta x (Depotwert : Kontraktwert) = 1,10 x (500.000 : 156.000) = 3,51

Für die Absicherung sind also vier Kontrakte nötig und Sie gehen folgende Position ein:
Short vier DAX-März-Futures zu 6.300

Die Kurse fallen tatsächlich und der DAX notiert im März nur noch bei 6.010 Punkten. Ihr Depotwert ist auf 494.000 Euro gesunken.
Sie stellen Ihre Futures-Position glatt und damit sieht Ihre Gesamtrechnung wie folgt aus:
Futures-Position: (6.260 - 6.010) x 25 = 6.250
Depot: 500.000 - 494.000 = 6.000

Ohne Absicherung hätten Sie einen Verlust im Depot von 6.000 Euro erlitten.

Abb. 7.11

Beispiel für einen Long Hedge

Der DAX steht bei 7.480 Punkten und Sie beabsichtigen, eine diversifizierte Aktienposition im Wert von 350.000 Euro aufzubauen. Die Mittel hierfür stammen aus dem Verkauf einer Immobilie, die jedoch erst in drei Monaten bezahlt wird. Sie befürchten, dass der Aktienmarkt bis dahin steigen wird und Sie die Aktien zu teuren Kursen einkaufen müssten. Also entschließen Sie sich, zur Absicherung gegen steigende Kurse DAX-Futures zu kaufen. Der DAX-Future für den Verfallstermin Juni beträgt 7.500.

Benötige Anzahl der Futures:
(350.000 : Kontraktwert) x Beta (angenommen 1,04) =
(350.000 : 187.500) x 1,04 = 1,94, damit zwei Kontrakte

Die Kurse steigen in der Tat und der DAX erreicht im Juni 7.610 Punkte. Für die Kassawerte müssten Sie nun 356.000 Euro investieren. Sie stellen kurz vor Fälligkeit Ihre Juni-Position glatt und verkaufen die zwei DAX-Kontrakte. So sieht Ihre Gesamtrechnung aus:
Future-Position: 380.500 - 375.000 = 5.500
Kassa-Position: 356.000 - 350.000 = 6.000

Der Gewinn aus der Future-Position gleicht die Mehrinvestition fast wieder aus.

Diese beiden Beispiele stehen für die am häufigsten verwendeten Hedging-Strategien. Sie ermöglichen es Investoren, bestehende oder geplante Aktienbestände nach oben und nach unten hin abzusichern, indem das aktuelle Kursniveau mittels Futures fixiert wird.

Index-Futures sind ein modernes, flexibles und auch preiswertes Instrument, um Risiken und erwartete Gewinne eines Aktienbestandes auf die individuelle Markteinschätzung abzustimmen.

Index-Futures sind auch für Spekulanten das ideale Instrument, um auf Aktienmarktentwicklungen zu setzen. Glauben Sie nicht das Märchen, dass Aktienmärkte für Spekulanten zu langweilig wären oder dass es dort zu wenig Profitchancen gäbe. Ich nenne hier nur einen großen Kollegen von mir, der für mich noch heute ein Vorbild ist, Lewis Borsellino. Er handelte sein Leben lang und auch noch heute Terminkontrakte auf den „Standard & Poor's 500"-Index und hat damit aus ganz kleinen Anfängen heraus ein gigantisches Vermögen aufgebaut. Für eine profitable Spekulation auf Aktienmarktveränderungen sind Index-Futures sogar das einzige Instrument, wenn Sie keine großen Summen für den Kauf eines Aktienportfolios einsetzen möchten. Für das reine Trading empfehlen sich die Basisstrategien, die wir zu Beginn dieses Kapitels bereits besprochen

Abb. 7.12

Beispiel für ein Long-Position-DAX-Trading

Am 22. Januar steht der DAX in unserem Beispiel bei 7.145,50 Punkten. Sie sind aufgrund Ihrer Marktanalyse der Meinung, dass der deutsche Leitindex in den nächsten Monaten steigen wird, und eröffnen eine Position, deren Verlauf so aussehen könnte:

Kauf: ein DAX-März-Future zu 7.147
Kontraktwert: 1 x 7.147 x 25 = 178.675 Euro
Margin: 8.500 Euro ➤

Verlauf der Position

Datum	Transaktion	Tagesendkurs DAX-Future	Variation Margin Gewinn	Variation Margin Verlust	Marginkonto
21.01.	Kauf ein DAX-Future	7.147	0	0	8.500 Euro
22.01.		7.152	125		
25.01.		7.160	100		
26.01.		7.168	200		
27.01.		7.145		-575	
28.01.		7.171	650		
29.01.		7.165		-150	
30.01		7.170	125		
31.01.		7.185	375		
01.02.		7.186	25		
02.02.		7.198	300		
...		...	...		
07.03		7.382	400		
08.03		7.387	125		
09.03		7.393	150		
10.03.		7.402	225		
13.03.		7.415	325		
14.03	Verkauf ein DAX-Future	7.415			-8.500 Euro

Sie schließen Ihre Position am 14. März und stellen zu 7.415 glatt. Sie erhalten also Ihre hinterlegte Margin zuzüglich Ihres Gewinns zurück. ➤

Und so sieht Ihre Erfolgsrechnung aus:

21. Januar:	Kauf ein DAX-Future März zu 7.147 Kontraktwert = 1 x 7.147 x 25 = 178.675 Euro
13. März:	Verkauf ein DAX-Future März zu 7.415 Kontraktwert = 1 x 7.415 x 25 = 185.375 Euro
Ihr Profit:	6.700 Euro

Durch diese eine Position und die gewünschte Entwicklung des DAX haben Sie mit nur einem Kontrakt und einem Einsatz von 8.500 Euro einen Profit von 6.700 Euro oder 78,82 Prozent in nur zwei Monaten erzielt.

haben. Damit können Sie sowohl in aufwärts als auch in abwärts tendierenden Märkten optimal agieren. Demzufolge sind für Sie, sofern Sie ein reinrassiger Spekulant bzw. Trader werden möchten, die Long-Positionen und die Short-Positionen interessant. Das Beispiel in Abbildung 7.12 zeigt Ihnen den Gesamtverlauf einer Long-Position auf den DAX, auch unter Berücksichtigung des Marginkontos.

Die Spekulation auf sinkende Aktienkurse, also eine Short-Trading-Position, funktioniert umgekehrt genauso.

Optionen auf Aktienindizes

Optionen auf einen Aktienindex verbriefen das Recht auf eine Ausgleichszahlung bei Überschreiten (Call) bzw. Unterschreiten (Put) eines bestimmten Indexstandes. Da ein Index als Basiswert de facto nicht lieferbar ist, können ausschließlich Ansprüche auf

Ausgleichszahlungen kreiert werden. Indexoptionen empfehle ich Ihnen, wenn Sie sich dafür entscheiden, Ihre ersten Trades im Aktienmarkt zu tätigen. Wie die Index-Futures sind sie ein vorzügliches Instrument, um auf einen Aktienmarkt als Ganzes zu spekulieren – und das mit einem relativ geringen Kapitaleinsatz und beschränktem Risiko. Was Indexoptionen angeht nehmen wir am besten wieder den DAX als Beispiel. Basiswert der DAX-Option ist eben der DAX. Der Kontraktwert errechnet sich durch Multiplikation des aktuellen Indexstandes mit dem Indexmultiplikator, der fünf Euro beträgt. Beläuft sich der aktuelle Stand des DAX also auf 5.000 Punkte, dann ergibt das einen Kontraktwert von 25.000 Euro. Die kleinste Preisveränderung eines Kontrakts, ein Tick, beträgt 0,1 Punkte, was einem Wert von 0,50 Euro entspricht. Der Optionspreis wird in Punkten pro 500 Euro des Kontraktwertes notiert. Die Optionsprämie, die der Verkäufer erhält, errechnet sich aus der Anzahl der Kontrakte, multipliziert mit dem Optionspreis mal Indexmultiplikator (vgl. Abb. 7.13).

Der Wert des Barausgleichs errechnet sich aus der Differenz zwischen dem Basispreis und dem Schlussabrechnungspreis des Index (DAX), multipliziert mit dem Indexmultiplikator (vgl. Abb. 7.14).

Abb. 7.13

Beispiel: Preis und Prämie einer Indexoption

Position:	Verkauf von zehn Calls
Basispreis:	5.000 Euro
Optionspreis:	52,90 Euro
Optionsprämie:	10 x 52,90 x 5 = 2.645 Euro

Abb. 7.14

Beispiel: Gewinn bei der Ausübung einer Call-Indexoption

Basispreis der Option: 5.000 Euro
Schlussabrechnungspreis: 5.150 Euro
Wenn Sie beispielsweise fünf DAX-Calls besitzen, werden Sie Ihre Option wohl ausüben, denn sie sind im Geld:
(5.150 - 5.000) x 5 x 5 = 3.750 Euro

Grundsätzlich können Sie mit einer Index-Option dieselben Geschäfte tätigen wie mit Index-Futures. In der Praxis empfehle ich Ihnen aber, sich mit Optionen auf die Spekulation zu beschränken und nicht zu hedgen. An den Beispielen konnten Sie sehen, welch profitable Möglichkeiten die Indizes bieten. Spätestens jetzt sollten Sie in der Lage sein, angesichts von Nachrichten über steigende oder fallende Aktienkurse oder das Auf und Ab des DAX, die bei so vielen Investoren regelrechte Panik erzeugen, beruhigt zu lächeln. Sie wissen jetzt, wie Sie bei jeder Marktbewegung Gewinne erzielen können.

Termingeschäfte im Geld- und Kapitalmarkt

Finanzterminkontrakte mit standardisierten Größen und Lieferterminen werden auch als Zinsfutures bezeichnet. Durch die Standardisierung wird die Handelbarkeit erheblich erleichtert. Bei Zinsfutures handelt es sich um Terminkontrakte, deren zugrunde liegender Basiswert Geld- oder Kapitalmarktpapiere sind. Der Käufer eines Zinsfutures spekuliert auf fallende, der Verkäufer eines solchen auf steigende Zinsen (vgl. Abb. 7.15).

Abb. 7.15

Beispiele für Zinsfutures

Auf Geldmarktpapiere:
- Eurodollar Time Deposits (90 Tage): CME, LIFFE, SIMEX
- US Treasury-Bills (90 Tage): CME
- Eurosterling-Time-Deposit (90 Tage): LIFFE
- Euribor-Future (30 und 90 Tage): Eurex

Auf Kapitalmarktpapiere:
- US Treasury Bonds: CBoT
- US Treasury Notes: CBoT
- Notional: MATIF
- Japanese Government Bond: LIFFE, Tokio
- Euro-Bund-Future: Eurex
- Euro-Bobl-Future: Eurex

Die Eurex hält ein reichhaltiges Angebot an Zinsfutures bereit, das sich für alle Anwendungsgebiete hervorragend eignet. Der bekannteste ist wohl der Euro-Bund-Future. Hierbei handelt es sich um einen Terminkontrakt auf eine fiktive Schuldverschreibung der Bundesrepublik Deutschland mit einer Laufzeit von 8,5 bis 10,5 Jahren. Der Kontraktwert beläuft sich auf 100.000 Euro. Die Notierung erfolgt in Prozent vom Nominalwert. Ein Tick, die minimale Preisveränderung, beträgt 0,01 Prozent, was einem Wert von zehn Euro entspricht. Der letzte Handelstag des Euro-Bund-Futures an der Eurex ist zwei Börsentage vor dem Liefertag des jeweiligen Quartalsmonats.

Tradingstrategien mit Zinsfutures

Ähnlich wie bei den Index-Futures können Sie auch hier ohne großen Aufwand auf Veränderungen eines Gesamtmarktes spekulieren. Die grundlegenden Tradingstrategien sind wie beim Index-Future die Long- und die Short-Position.

Gesetzt den Fall, Sie erwarten aufgrund der aktuellen Konjunkturlage eine Abschwächung des Zinsniveaus und damit steigende Kurse, gehen Sie long im Euro-Bund-Future (vgl. Abb. 7.16).

Wie bei allen anderen Rechenbeispielen muss auch hier das Ergebnis um die Transaktionskosten bereinigt werden. Eine Short-Position funktioniert umgekehrt analog.

Hedging mit Zinsfutures

Die Absicherung einer Position festverzinslicher Wertpapiere durch den Einsatz von Zinsfutures führt im Idealfall zu einer vollständigen Eliminierung von Verlustrisiken bei gleichzeitigem

Abb. 7.16

Beispiel für eine Long-Position

Eröffnung: Long ein Kontrakt zu 109,08 Euro
Margin (fünf Prozent): 5.000 Euro

Sie liegen mit Ihrer Prognose richtig und der Kurs des Bund-Futures steigt auf 109,75 Euro. Dann sieht Ihre Rechnung wie folgt aus:

109,75 - 109,08 = 0,67 Euro = 67 Ticks
67 x 10 = 670 Euro oder, bezogen auf Ihren Einsatz, 13,4 Prozent

Verzicht auf Gewinnchancen bei entgegengesetzter Marktentwicklung. Um das Risiko fallender Zinsen oder steigender Kurse abzusichern, empfiehlt sich eine Long-Hedge-Position. Angenommen Sie möchten in zwei Monaten eine Anleihe kaufen und sich gegen fallende Zinsen absichern, kaufen Sie Euro-Bund-Futures-Kontrakte. Tritt der von Ihnen erwartete Zinsverfall ein, gleicht der Profit der Futures-Position die niedrigere Rendite wieder aus. Eine Short-Hedge-Position sollten Sie dann eingehen, wenn Sie steigende Zinsen bzw. fallende Kurse erwarten. Um den Wert Ihres Portfolios abzusichern, verkaufen Sie Futures-Kontrakte. Bei einem tatsächlichen Kursverfall kaufen Sie die Kontrakte dann wieder günstiger zurück. Der dadurch entstehende Gewinn gleicht den Verlust im Portfolio wieder aus.

Wenn Sie sich für ein Hedging entscheiden, stellt sich die Frage: Wie viele Kontrakte benötigen Sie? Die Hedge-Ratio wird durch das Verhältnis des Nominalbetrages der zu sichernden Kassaposition zum Nominalbetrag des Futures dargestellt.

Beispiel

Sie wollen eine Bundesanleihe im Nominalwert von einer Million Euro absichern (vgl. Abb. 7.17). Dieses Beispiel ist sicher sehr einfach gehalten und berücksichtigt nicht die vielen unterschiedlichen

Abb. 7.17

$$\text{Hedge-Ratio} = \frac{\text{Nominalbetrag der Anleihe}}{\text{Nominalbetrag des Futures}} = \frac{1.000.000}{100.000} = 10 \text{ Kontrakte}$$

Faktoren bei festverzinslichen Wertpapieren, die sich in der Laufzeit und der Höhe der Zinsen unterscheiden. Zur exakten Berechnung der einzelnen Hedge-Ratios braucht man aufwendige Rechenformeln, die ich Ihnen hier ersparen möchte.

Arbitragegeschäfte mit Zinsfutures

Arbitragegeschäfte mit Zinsfutures sind zwar lohnend und faszinierend, bleiben aber in der Regel den Verwaltern von großen Vermögen, also in erster Linie Investmentfonds und institutionellen Anlegern, vorbehalten. Um Ihnen jedoch einen Überblick zu verschaffen, befassen wir uns mit dieser Arbitrage-Variante in Kurzform:

Im Zusammenhang mit Zinsfutures spricht man auch von einer „Cash & Carry"-Arbitrage. Sie beruht auf einer Fehlbewertung des Futures-Kontrakts und ist an ein Gegengeschäft im Kassamarkt gekoppelt. Solche Arbitragegeschäfte sind so gut wie risikolos und Sie können die Hebelwirkung durch eine Fremdfinanzierung (zu günstigen Konditionen) noch weiter erhöhen.

Wie funktioniert das Ganze? Nehmen wir an, Gerüchte über eine mögliche Erhöhung der Leitzinsen führen zum Beispiel durch massive Käufe erfahrungsgemäß zu einer Überbewertung des Euro-Bund-Futures. Das hat zur Folge, dass der Bund-Future zu teuer ist, betrachtet man den Aufschlag auf den Kassapreis zur Berechnung des Terminpreises. Arbitrageure spekulieren nun darauf, durch Verkauf des zu teuren Bund-Futures und gleichzeitigem Kauf einer entsprechenden Bundesanleihe einen Profit zu erwirtschaften. Sie verkaufen den Future in der Absicht, am Ende von dessen Laufzeit liefern zu müssen. Das ist ja auch kein Problem, denn sie kaufen ja eine Position Bundesanleihen mit Fremdkapital. Am Laufzeitende ihres Futures können sie ihre Verpflichtung aus dem Termin durch Lieferung der Bundesanleihe erfüllen.

Optionen auf Zinsfutures

Optionen auf Zinsfutures bieten Ihnen die Möglichkeit, von den Vorteilen des Futures zu profitieren und gleichzeitig Ihr Verlustrisiko zu minimieren. Als Käufer einer solchen Option erwerben Sie das Recht, beispielsweise einen Euro-Bund-Future zum Basispreis zu kaufen (Call) oder zu verkaufen (Put). Wenn Sie als Käufer eines Calls Ihr Optionsrecht ausüben, dann werden Sie auch Käufer des zugrunde liegenden Futures. Sie treten damit in die Future-Position mit all ihren Rechten und Pflichten ein. Bei einem Put gilt analog dasselbe (vgl. Abb. 7.18).

Da die Prämienberechnung nach dem Future-Style-Verfahren erfolgt, fallen bei Eröffnung der Position noch keine Prämien an. Wenn Sie eine Long-Position eingehen, profitieren Sie von steigenden

Abb. 7.18

Beispiel: Kauf eines Calls auf einen Zinsfuture

Beim Euro-Bund-Future wird der Optionspreis in Punkten ermittelt. Ein Tick beträgt 0,01 Punkte, was einem Wert von zehn Euro entspricht. Die Prämienabrechnung erfolgt nach dem Future-Style-Verfahren und funktioniert wie folgt:

Sie gehen fünf Calls Euro-Bund-Future long

Basispreis:	106,50 Euro
Optionspreis:	1,16 (116 Ticks zu 0,01 Punkten)
Optionsprämie:	5 x 116 x 10 = 5.800 Euro

Optionspreisen und bekommen bei Eröffnung die Differenz zwischen dem Einstandspreis und dem Settlement-Kurs gutgeschrieben. Wenn die Optionspreise fallen, belastet man Ihnen diesen Betrag. Gehen Sie eine Short-Position ein und verkaufen die Option, gilt analog dasselbe. Bei Ausübung und Glattstellung oder Verfall Ihrer Option wird die Abschlusszahlung der Prämie in voller Höhe des Abrechnungspreises vorgenommen. Der Preis von Optionen auf den Euro-Bund-Future orientiert sich an der Volatilität und an der Restlaufzeit.

Eine Besonderheit gibt es aber für Optionen auf Zinsfutures, wenn sich das kurzfristige Zinsniveau ändert. Bei sonst gleichen Voraussetzungen gilt grundsätzlich:

Abb. 7.19

Steigen die kurzfristigen Zinssätze, reduziert sich der Barwert des zu erwartenden Gewinns bei Fälligkeit.

Ähnlich verhält es sich bei Optionen auf den Bund-Future, wobei hier ein besonderes Verfahren für die Prämienabrechnung zu beachten ist. Insgesamt gesehen ist der Einfluss der kurzfristigen Zinsen aber ziemlich gering. Viel wichtiger ist das Verhältnis der kurzfristigen zu den langfristigen Zinsen, das den Futures-Preis und damit auch den Wert der Option stärker beeinflusst. Die „Costs of Carry" sind ein weiterer, zusätzlicher Faktor für die Veränderung zwischen Futures-Preis und Kassakurs.

Betrachten wir als Beispiel den Handel mit Optionen auf den Euro-Bund-Future. Hier stehen verschiedene Kaufzeiten zur Verfügung. Die Verfallsmonate der Option sind die drei nächsten aufeinander

Abb. 7.20

Prämienberechnung bei Kauf eines Calls auf den Euro-Bund-Future

1. Tag:

Kauf von zehn Calls auf einen Mai-Euro-Bund-Future

Basispreis: 108,00 Euro

Optionspreis: 0,70 Euro

Settlementpreis: 0,72 Euro

10 x 2 x 10 Euro = 200 Euro

Als Käufer der Option bekommen Sie den Betrag von 200 Euro gutgeschrieben, dem Verkäufer wird dieser belastet.

2. Tag

Settlementpreis: 0,75 Euro

10 x 3 x 10 Euro = 300 Euro

Sie profitieren auch am zweiten Tag von der Position und erhalten eine Gutschrift, die dem Verkäufer wieder belastet wird.

3. Tag

Sie üben Ihre Option aus!

Settlementpreis: 0,79 Euro

10 x 4 x 10 Euro = 400 Euro

Dieser Betrag wird Ihnen wieder gutgeschrieben und dem Verkäufer belastet. Im Anschluss daran wird die zu zahlende Optionsprämie errechnet:

10 x 79 x 10 = 7.900 Euro

Die Prämie in Höhe von 7.900 Euro muss nun von Ihnen bezahlt werden und wird dem Verkäufer gutgeschrieben.

folgenden Monate sowie der darauf folgende Monat der Zyklen März, Juni, September und Dezember. Das bedeutet, es sind Laufzeiten von einem bis drei sowie maximal sechs Monaten verfügbar. Der letzte Handelstag einer Option ist der sechste Börsentag vor dem letzten Kalendertag des Verfallsmonats der Option. Was die Basispreise angeht, gelten Preisabstufungen von 0,5 Punkten (50 Ticks). Wenn Sie Ihre Option nun ausüben, bezahlen Sie einen Preis, der dem Settlementkurs des Tages der Ausübung oder des Verfallstages entspricht. Die Differenz zwischen dem Einstandspreis der Option und dem Settlementpreis des Tages der Glattstellung, der Ausübung oder des Verfalls wird laufend Ihrem Konto gutgeschrieben bzw. belastet, wie das Beispiel in Abbildung 7.20 zeigt.

Diese Abrechnungsmethode ist für Sie ein Vorteil, denn der spätere Einzug der Prämie schont Ihre Liquidität. Gewinne und Verluste werden umgehend realisiert. Optionen auf Zinsfutures an der Eurex sind Optionen amerikanischer Art. Der letzte Handelstag ist zugleich auch der letzte Ausübungstag. Eine Ausübung ist zwar an jedem Handelstag möglich, empfiehlt sich in der Praxis aber nicht, weil der Zeitwert dadurch verloren geht. Bei Ausübung einer Option tritt der Käufer unmittelbar in eine entsprechende Futures-Position ein, für die sofort Margins zu hinterlegen sind, die jedoch mit den bereits geleisteten Einschüssen der Option verrechnet werden.

Tradingstrategien mit Optionen auf Zinsfutures

Mit Optionen auf Zinsfutures verbinden Sie das Motiv des Handels von Zinsfutures mit dem Vorteil der Risikobegrenzung auf die Optionsprämie. Auch hier haben Sie die Möglichkeit, vier verschiedene Grundpositionen einzugehen:

1. Long Call

Wenn Sie fallende Zinsen erwarten und vom Preisanstieg der Zinsfutures profitieren möchten, dann kaufen Sie eine Kaufoption (vgl. Abb. 7.21).

2. Short Call

Nach eingehender Analyse sind Sie der Auffassung, dass die Renditen des deutschen Kapitalmarktes stagnieren oder nur leicht steigen. Sie vermuten, dass die Kurse des Euro-Bobl-Futures dadurch leicht sinken werden und verkaufen Kaufoptionen (vgl. Abb. 7.22).

Abb. 7.21

Beispiel: Long Call auf Zinsfuture

Sie kaufen 20 Calls auf den Juni-Euro-Bobl-Future mit Basis 102,50 Euro zu je 0,32 Euro. Zehn Euro entsprechen 0,01 Punkten. Kosten für Ihre Gesamtposition:

20 x 320 Euro = 6.400 Euro

Anfang Juni ist der Kurs des Futures auf 102,77 Euro angestiegen. Die Option notiert bei 0,35 Euro. Nun haben Sie die Möglichkeit, Ihre Option auszuüben und würden eine Long-Futures-Position einnehmen, die um 0,27 Punkte günstiger als der Marktpreis wäre. Das amortisiert aber die Optionsprämie von 0,32 Euro nicht. Außerdem würden Sie dabei auf den Zeitwert verzichten, der in diesem Fall 0,08 Euro ausmacht (Prämie abzüglich innerer Wert).

Sehr viel schlauer ist es in diesem Fall, die Option zu verkaufen und den Gewinn aus dem Kursanstieg von 0,32 Euro auf 0,35 Euro (20 x 30 = 600 Euro) zu realisieren.

Abb. 7.22

Beipsiel: Short Call auf Zinsfuture
Sie verkaufen Call-Optionen auf den Juni-Euro-Bobl-Future zum Preis von 0,32 Euro. Das entspricht einer Einnahme von 320 Euro pro Kontrakt. Wenn sich Ihre Erwartungen über die Kursentwicklung nun erfüllen, verfällt die Option wertlos und Sie erzielen einen Profit in Höhe der vereinnahmten Prämie. Steigen die Kurse jedoch, müssen Sie damit rechnen, dass die Option vom Käufer ausgeübt wird. Das können Sie zwar vermeiden, indem Sie die Option teurer zurückkaufen, doch das Verlustrisiko bei dieser Art von Optionsgeschäften bleibt sehr hoch.

3. Long Put

Eine Long-Put-Option ist dann interessant, wenn von sinkenden Anleihekursen auszugehen ist und Sie das Risiko Ihres Bestands an festverzinslichen Papieren kompensieren möchten (vgl. Abb. 7.23).

Hierzu noch ein Tipp: Immer wenn Sie damit rechen, dass sich die Marktentwicklung nicht umkehrt, stellen Sie Ihre Position glatt, um einen Zeitwertverlust zu vermeiden.

4. Short Put

Im letzten Fall gehen Sie davon aus, dass z. B. der Euro-Bund-Future stagnieren oder leicht steigen wird. Sie sind sich so sicher, dass Sie auch bereit sind, ein hohes Risiko einzugehen, wenn Sie falsch liegen (vgl. Abb. 7.24).

Mitte Mai notiert der Euro-Bund-Future mit Fälligkeitstermin Juni bei 104 Euro, der Preis für die Option auf diesen beträgt 0,39 Euro. Sie verkaufen Put-Optionen auf den Euro-Bund-Future zu je 0,39 Euro.

Abb. 7.23

Beispiel: Long Put auf Zinsfuture

Sie kaufen eine Put-Option auf den Euro-Schatz-Future. Der Basispreis beträgt 101,75 Euro, der Preis für die Option liegt bei 0,12 Euro. Bereits zwei Tage später notiert der Euro-Schatz bei 101,55 Euro und der Wert Ihres Puts ist auf 0,23 Euro gestiegen. Der innere Wert der Option beträgt jetzt 0,20 Euro (101,75 - 101,55). Sie können nun die Option halten, ausüben oder verkaufen. Wie im ersten Beispiel beim Long Call wäre eine Ausübung nicht unbedingt sinnvoll, weil man damit den Zeitwert (0,23 - 0,20 = 0,03 Euro) verschenkt. Vorteilhafter ist es in jedem Fall, den Gewinn pro Kontrakt zu realisieren. Wenn Sie die Option behalten und der Future steigt, laufen Sie Gefahr, dass Ihre Option aus dem Geld läuft und an Wert verliert.

Zwei Tage später ist der Kurs auf 103,63 Euro gefallen, wodurch sich der Wert Ihrer Position auf 0,57 Euro pro hundertstel Punkt erhöht

Abb. 7.24

Beispiel: Short Put auf Zinsfuture

Mitte Mai notiert der Euro-Bund-Future mit Fälligkeitstermin Juni bei 104 Euro, der Preis für die Option auf diesen beträgt 0,39 Euro. Sie verkaufen Put-Optionen auf den Euro-Bund-Future zu je 0,39 Euro. Zwei Tage später ist der Kurs auf 103,63 Euro gefallen, wodurch sich der Wert Ihrer Position auf 0,57 Euro pro hundertstel Punkt erhöht hat. Damit Ihr Verlust in Grenzen bleibt, kaufen Sie Ihre Optionen zurück. Sie erleiden in diesem Fall einen Verlust von 0,18 bzw. 180 Euro pro Kontrakt.

hat. Damit Ihr Verlust in Grenzen bleibt, kaufen Sie Ihre Optionen zurück. Sie erleiden in diesem Fall einen Verlust von 0,18 bzw. 180 Euro pro Kontrakt.

Wie Sie an diesen Beispielen sehen können, bieten die Zinsfutures ideale Trading- und Absicherungsmöglichkeiten. Und spätestens jetzt sind Sie auch in der Lage, zukünftig über die negativen Entwicklungen im Zinsgefüge beruhigt zu lächeln. Denn wie sich der Markt auch entwickelt, Sie können in jede Richtung profitabel mitgehen.

Warentermingeschäfte

Leider ist nur wenigen Menschen bewusst, wie wichtig und hilfreich Warenterminkontrakte für die Stabilität der internationalen Warenmärkte sind. Ohne diese sorgfältig ausgearbeiteten Werkzeuge wären alle Beteiligten den Preisschwankungen der Märkte hilflos ausgeliefert. Terminkontrakte auf Waren aller Art ermöglichen eine Preisabsicherung für Anbieter und Abnehmer und damit eine Wahlmöglichkeit, Preisrisiken zu tragen oder auszuschließen. Spekulanten sind ganz speziell im Bereich der Waren für das Funktionieren der Börsen von größter Wichtigkeit. Wie spekulativ und profitreich Warentermingeschäfte sein können, hat vor allem der rasante Anstieg des Ölpreises im ersten Quartal 2006 gezeigt. Gewinne von über 100 Prozent in nur wenigen Wochen waren keine Seltenheit und sorgten für die „Faszination Warentermingeschäfte", die immer wieder das spekulative Kapital anziehen, wie das Licht die Mücken.

Im Gegensatz zu den Financial Futures, die auf die Aktien- und Zinsmärkte beschränkt sind, hat der Commodity-Trader eine Fülle von Märkten vor sich, in denen er sich „austoben" kann. Sehen wir uns also ein paar beispiele für Trades in unterschiedlichen Märkten an (vgl. Abb. 7.25).

Abb. 7.25

Basisstrategien mit Commodity Futures

Heizöl ist mit einem Anteil von etwa 30 Prozent einer der wichtigsten Teilmärkte im deutschen Mineralölsektor. Gleichzeitig dient Heizöl als Vergleichsmaßstab (Benchmark) im Energiesektor, da viele Lieferverträge für Gas an den Heizölpreis gekoppelt sind (vgl. Abb. 7.26).

Abb. 7.26

Beispiel: Kauf eines Heizöl-Futures

Sie kaufen einen Heizöl-Future zu einem (Beispiel-)Marktpreis von 16 Euro pro 100 Liter. Der Kontraktwert liegt bei einer (Beispiel-) Kontraktgröße von 100.000 Litern bei:

1.000 x 16 = 16.000 Euro

Die Initial Margin beträgt als Beispiel 750 Euro pro Kontrakt. Und so könnte Ihre Position verlaufen: ➤

Verlauf der Position

Datum	Transaktion	Settlement-preis	Variation Margin Gewinn	Variation Margin Verlust	Additional Margin
12.05.	Kauf ein Heizöl-Future	16,00	0	0	750
13.05.		16,25	250		
14.05.		15,25		500	
14.05.	Margin Call		250		
15.05.		17,75	2.000		
16.05.		17,00		750	
17.05.	Verkauf ein Heizöl-Future	17,25			-750

Am 17. Mai schließen Sie Ihre Position zum Preis von 17,25 Euro und erhalten Ihre hinterlegten 750 Euro zurück. Ihre Erfolgsrechnung sieht so aus:

12.05. Kauf eines Heizöl-Futures
1.000 x 16 = 16.000 Euro
17.05. Verkauf eines Heizöl-Futures
1.000 x 17,25 = 17.250 Euro
Ihr Gewinn: 1.250 Euro

Aufgrund richtiger Markteinschätzung beim Heizöl hätten Sie mit nur einem Kontrakt innerhalb einer Woche 1.250 Euro verdient, von denen lediglich der Margin Call von 250 Euro abgezogen werden muss. Es verbleibt damit ein Profit von 1.000 Euro oder, bezogen auf den Einsatz, von 133,33 Prozent.

Weil es so schön ist, rechnen wir noch ein Beispiel mit einem Rohöl-Terminkontrakt (Crude Oil Future) an der New York Mercantile Exchange (NYME). Dort umfasst die Kontraktgröße 1.000 Barrel und die minimale Preisveränderung wird pro Cent angegeben, was zehn Dollar entspricht (vgl. Abb. 7.27).

Abb. 7.27

Beispiel: Verkauf eines Rohöl-Futures

Wir gehen davon aus, dass Sie den Rohölmarkt sorgfältig analysiert haben und erwarten einen Preisverfall. Also verkaufen Sie zwei Rohöl-Futures mit Fälligkeit April zu 73,40 US-Dollar pro Barrel.

Eröffnung: Short zwei April Crude Oil Futures zu 73,40 US-Dollar
1.000 x 73,40 x 2 = 146.800 US-Dollar
Margin: 7.340 US-Dollar (fünf Prozent)

Sie liegen richtig und Rohöl ist billiger geworden.
Sie stellen also bei 72,20 US-Dollar glatt.
Ihre Rechnung:
(73,40 - 72,20) x 1.000 x 2 = 2.400 US-Dollar oder, bezogen auf den Einsatz, 32,7 Prozent.

Das kann sich doch sehen lassen, nicht wahr? Nun noch ein Beispiel mit Sojabohnen. Sie werden im Mekka des Terminhandels an der Chicago Board of Trade gehandelt. Die Kontraktgröße beträgt 5.000 Bushels, die kleinste Preisveränderung wird mit einem viertel Cent angegeben, was 12,50 US-Dollar entspricht (vgl. Abb. 7.28).

Abb. 7.28

Beispiel: Kauf eines Sojabohnen-Futures

Nach eingehender Beobachtung erwarten Sie bei den Sojabohnen einen Preisanstieg. Sie gehen long mit drei Kontrakten über Sojabohnen mit Fälligkeit Mai zu 465 Cent pro Bushel.

Eröffnung: Long Mai-Sojabohnen 465 Cent
5.000 x 465 x 3 = 69.750 US-Dollar (Gesamtwert)
Margin: 3.487,50 US-Dollar

Wieder liegen Sie richtig! Sojabohnen steigen innerhalb von drei Wochen auf 475 Cent – Sie stellen – was auch sonst – glatt!
Ihre Rechnung: (475 - 465) x 5.000 x 3 = 1.500 US-Dollar oder, bezogen auf Ihren Einsatz, 43,01 Prozent.

Diese Beispiele sollten genügen, um Ihnen einen Eindruck dessen zu vermitteln, was an Warentermingeschäften so faszinierend ist. Das Beste ist, dass die gerade genannten Beispiele keine Ausnahmen sind! Warentermingeschäfte können wirklich so profitabel sein, wie ich es gerade vorgerechnet habe. Sollte es Ihnen also so ergehen wie mir vor etwa 15 Jahren und Sie eine gewisse Neigung verspüren, solche Geschäfte zu tätigen – dann tun Sie es!

Hedging mit Commodity Futures

Dem Hedging, also der Absicherung gegen Risiken, kommt im Warentermingeschäft eine weitaus größere Bedeutung zu als in anderen Terminmärkten. Im Aktien- und Kapitalmarkt steht vor allem die Absicherung von Kursrisiken im Vordergrund, die der Risikominimierung von Investments dient. Im Warenmarkt hingegen geht es weniger um Kurse oder Investments, als viel mehr um die Sicherung von Preisen für bestimmte, greifbare Erzeugnisse. Die Erzeuger (z. B. Landwirte) brauchen stabile Preise, um ihre wirtschaftliche Grundlage zu sichern, die letztlich allen zugute kommt. Aus diesem Grund wollen wir die jeweiligen Situationen, in denen eine Absicherung mit Terminkontrakten in Frage kommt, ausführlicher besprechen als bei den Financial Futures. Grundsätzlich verwendet man auch im Warenterminhandel die Short-Hedge-Position und die Long-Hedge-Position (vgl. Abb. 7.29).

Abb. 7.29

Beispiel: Long-Hedge-Position

Eine Wurstfabrik weiß im Dezember, dass sie im Februar 40.000 Kilo Schweinefleich kaufen muss. Im Moment werden Schlachtschweine zu einem Preis von 1,35 Euro pro Kilo gehandelt. Die Firma ist besorgt, das die Preise bis zum Februar steigen könnten. Um die derzeit günstigen Preise zu nutzen, entscheidet sich die Wurstfabrik, Terminkontrakte einzusetzen. Furtures auf Schlachtschweine werden an der RMX gehandelt. Die Kontraktgröße bemisst sich für unser Beispiel auf 8.000 Kilo, die Notierung erfolgt in Euro pro Kilogramm, ein Tick beträgt 0,001 Punkte und hat einen Wert von acht Euro.

Die Wurstfabrik geht fünf Februar-Schweine-Futures zu einem Preis von 1,35 Euro pro Kilo long. Folgende Szenarien sind möglich: Die Sorge bewahrheitet sich und der Preis steigt zum Kaufdatum des Fleisches auf 1,75 Euro ➤

pro Kilo. Der Wursthersteller verkauft seine Futures zu 1,75 Euro und erzielt mit der Absicherung folgendes Ergebnis:

Kassamarkt	**Futures-Markt**
Dezember:	
Absicherung des Kaufs von 40.000 Kilo Schweinefleisch am Kassamarkt zu 1,35 Euro pro Kilo	Kauf von fünf Februar-Schweine-Futures bei 1,35 Euro pro Kilo
Februar:	
Kauf von 40.000 Kilo Schweinefleisch am Kassamarkt zu 1,75 Euro pro Kilo	Glattstellung der fünf Futures bei 1,75 Euro pro Kilo
Effektive Preissituation: Kaufpreis Schweinefleisch am Kassamarkt	1,75 Euro pro Kilo
Profit aus der Futures-Position: 1,75 Euro - 1,35 Euro	0,40 Euro pro Kilo
Nettokaufpreis	1,35 Euro pro Kilo

Der Schweinepreis könnte jedoch auch stabil bleiben. In diesem Fall kann die Wurstfabrik das Fleisch wie geplant zu 1,35 Euro pro Kilo kaufen. Die Futures-Position stellt sie bei einem Preis von 1,35 Euro pro Kilo ohne Gewinn und Verlust glatt. Die dritte Möglichkeit besteht darin, dass der Schweinepreis fällt. Die Wurstfabrik kann sich dann beispielsweise zu 1,25 Euro ➤

pro Kilo eindecken, würde aber im Future einen Verlust erleiden. Gewissenhafte Hedger überwachen ihre Positionen aber genau und sorgen dafür, dass sie mittels Stoppmarke nicht oder nur geringfügig in die Verlustzone geraten.

Durch den Einsatz von Schweine-Futures ist die Wurstfabrik in der Lage, sich den günstigen Kaufpreis von 1,35 Euro pro Kilo zu sichern. Das ist genau der Preis, mit dem sie kalkuliert hat.

Abb. 7.30

Beispiel: Short-Hedge-Position

Anstatt sich mit dem zufrieden zu geben, was der örtliche Aufkäufer für Weizen zur Erntezeit zu zahlen bereit ist, entscheidet sich ein großer Landwirt, Futures einzusetzen, um seinen Ertrag zu maximieren. Den Landwirt kostet die Produktion einer Tonne Weizen beispielsweise 115 Euro. Wenn der Weizenpreis an einem Punkt angelangt ist, an dem der Landwirt Gewinn machen kann, entscheidet er sich, einen Teil seiner Ernte abzusichern, indem er Terminkontrakte einsetzt. Weizen-Futures werden ebenfalls an der RMX gehandelt, die Kontraktgröße beträgt für unser Beispiel 50 Tonnen, die Notierung erfolgt in Euro pro Tonne, ein Tick beträgt 0,1 Punkte, was einem Wert von fünf Euro entspricht.

Anfang Mai werden Dezember-Weizen-Futures zu einem Preis von 140 Euro pro Tonne gehandelt. Um sich diesen Verkaufspreis zu sichern, verkauft der Landwirt einen Dezember-Weizen-Future zu 140 Euro pro Tonne. In diesem Jahr herrschen europaweit ideale Wachstumsbedingungen und die Ernte ist überdurchschnittlich gut. Das drückt die Preise und so fällt der Preis pro Tonne Weizen auf 125 Euro. Für den Landwirt ergibt sich folgendes Bild: ➤

Kassamarkt	Futures-Markt
Mai:	
Absicherung des Verkaufs von 50 Tonnen Weizen am Kassamarkt zu 140 Euro pro Tonne	Verkauf eines Dezember-Weizen-Futures zu 140 Euro pro Tonne
Oktober:	
Verkauf von 50 Tonnen Weizen am Kassamarkt zu 125 Euro pro Tonne	Glattstellung des Futures-Kassamarkts bei 125 Euro pro Tonne
Effektive Preissituation: Verkauf von Weizen am Kassamarkt	125 Euro pro Tonne
Profit aus der Futures-Position: (140 Euro- 125 Euro)	15 Euro pro Tonne
Verkaufspreis:	140 Euro pro Tonne

Durch den Einsatz des Weizen-Futures gelingt es dem Landwirt, seinen endgültigen Verkaufspreis von 125 Euro auf 140 Euro zu erhöhen. Das ist genau der Preis, den er braucht, um mit Gewinn zu wirtschaften (vgl. Abb. 7.30).

Jetzt haben Sie auch einmal die Formen des „sagenumwobenen" Warentermingeschäfts in der Praxis gesehen, auch wenn es nur auf dem Papier war. Sie sehen aber, dass diese Geschäfte relativ einfach zu tätigen sind und dass man mit ihnen sehr viel Geld verdienen kann. Im Warenterminhandel besteht grundsätzlich auch die Möglichkeit, das Risiko durch Optionen zu beschränken. Diese Variante sollten Sie für den Einstieg in dieses Metier auch in Erwägung ziehen, sofern es an der von Ihnen bevorzugten Börse Optionen dafür gibt. Fragen Sie dazu einfach Ihren Broker.

Spezielle Strategien

Zum Schluss des praktischen Kapitels will ich Ihnen auch noch ein paar spezielle Strategien zeigen. Diese sind sicher etwas für Fortgeschrittene, aber trotzdem sollten Sie wissen, dass es sie gibt und wie sie funktionieren. Im Umgang mit Terminkontrakten haben sich solche Strategien im Laufe der Jahrzehnte aus der Praxis heraus entwickelt und werden auch heute noch mit Erfolg angewendet. Viele erfolgreiche Spekulanten und Fondsmanager greifen auf die eine oder andere Basisstrategie zurück, haben diese verfeinert, perfektioniert und eine für sich individuelle Strategie entwickelt, mit der sie höchst profitabel arbeiten.

Spreads

Das Spreading ist eine sehr interessante und lukrative Strategie beim Einsatz von Optionen und Futures, die auch sehr gerne angewendet wird. Unter bestimmten Voraussetzungen ist der Aufbau von risikoarmen Terminpositionen zwar möglich, generell muss der Spread aber nicht unbedingt mit weniger Risiko behaftet sein, als eine normale Long- oder Short-Position. Der Spread-Trader versucht immer, von den Veränderungen der Preisdifferenz zwischen zwei unterschiedlichen Kontrakten zu profitieren.

Futures-Spreads

Die Preisdifferenz zwischen zwei Futures-Kontrakten, also die Basis, wird als Spread bezeichnet. Beim Spreading werden gleichzeitig Futures-Kontrakte ge- und verkauft. Mittlerweile gibt es eine ganze Reihe von Futures-Spreads. Die populärsten sehen wir uns einmal an:

– Intra-Market-Spreads

Ein Intra-Market-Spread, auch Delivery oder Intra-Commodity-Spread genannt, besteht aus dem gleichzeitigen Kauf und Verkauf eines Futures auf dieselbe Ware an derselben Börse, aber mit unterschiedlichen Liefermonaten. Sehr populär sind die Crop Spreads im Warenterminhandel. Sie basieren auf der Theorie, dass sich das Angebot aus der alten Ernte verringert, der Preis damit steigt, der Preis der neuen Ernte hingegen niedriger ist.

Beispiel für einen Crop Spread: September-Kakao gegen Dezember-Kakao oder Juli-Sojabohnen gegen November-Sojabohnen.

– Inter-Market-Spreads

Kauf und Verkauf eines Future-Kontraktes auf die gleiche Ware, mit denselben Verfallsmonaten, aber an unterschiedlichen Börsen, bilden den Inter-Market-Spread.

Ein Spread-Trader kann beispielsweise die Preisunterschiede zwischen Eurex und LIFFE oder Chicago und New York ausnutzen. Dieser Spread wird im Umgangsjargon als Arbitrage bezeichnet. Die Arbitrage ist neben dem Sicherungs- und Spekulationsmotiv ein weiterer Grund, sich in Termingeschäften zu engagieren.

– **Bull Spreads**

Der Bull Spread setzt sich aus einer Long-Position im nahen Terminkontrakt und einer Short-Position im entfernten zusammen. Der Spread-Trader errichtet diese Position in der Erwartung, dass der nahe Termin im Verhältnis zum entfernten stärker steigt. Wird der Spread absolut betrachtet kleiner, dann ergibt sich ein Gewinn.

– **Bear Spreads**

Bei einem Bear Spread verkaufen Sie den nahen Termin und kaufen den entfernten. Der Trader erwartet, dass der entfernte Termin stärker steigt als der nahe und setzt damit auf einen großen (positiven) Spread. Trader erwarten bei einem Bull Spread einen negativen Spread und beim Bear Spread einen positiven. Es gilt also grundsätzlich:

Abb. 7.31

Spread = Preis zum nahen Termin - Preis zum entfernten Termin

Man kann die verschiedenen Spread-Möglichkeiten untereinander vergleichen, indem man den Spread errechnet und durch die Anzahl der Monate dividiert, die zwischen den Fälligkeitsterminen liegen (Spread pro Monat). An der Schreibweise ist bereits zu erkennen, ob es sich um einen Bull oder einen Bear Spread handelt (vgl. Abb. 7.32).

Der zuerst genannte Kontraktmonat wird gekauft (long), der später genannte verkauft (short) (vgl. Abb. 7.33).

Abb. 7.32

Bull Spread = Long naher Termin / Short entfernter Termin
Bear Spread = Long entfernter Termin / Short naher Termin

Abb. 7.33

Beispiel für einen Weizen-Spread

Die Terminpreise lauten wie folgt:

Februar 2006:	133,30 Euro
Mai 2006:	133,90 Euro
September 2006:	127,80 Euro
Dezember 2006:	129,00 Euro
Februar 2007:	131,40 Euro

Welcher ist hier der beste Bull und welcher der beste Bear Spread? Rechnen wir das einfach aus:

Feb./Mai-Spread = (133,30 - 133,90) : 3 = -0,20 Spreads/Monat
Feb./Sept.-Spread = (133,30 - 127,80) : 7 = 0,79 Spreads/Monat
Mai/Sept.-Spread = (133,90 - 127,80) : 4 = 1,53 Spreads/Monat

Der beste Bull Spread ist der Februar/Mai-Spread, da er den kleinsten bzw. am stärksten negativen Spread aufweist. Der beste Bear Spread ist der Mai/September-Spread, da er den größten Spread hat.

Interessante Spread-Möglichkeiten ergeben sich innerhalb der Zinsmärkte. Der bekannteste Zins-Spread ist wohl der TED-Spread. TED steht für Treasury Bill Eurodollar Difference. Hier wird auf eine Änderung in der Zinsstruktur zwischen T-Bills und Eurodollar-Einlagen spekuliert. T-Bills sind US-Schatzwechsel mit einer Laufzeit von normalerweise drei Monaten und einem Höchstmaß an Bonität. Im Gegensatz dazu sind Eurodollars zwar auch 3-Monats-Einlagen in Dollar, aber außerhalb der USA am Euromarkt. Sie unterliegen nicht einer Mindestreserve und haben eine geringere Bonität als die T-Bills, für die schließlich die US-Regierung bürgt. Deshalb ergibt sich auch eine höhere Rendite als bei den T-Bills. Mit dem TED-Spread spekulieren Sie auf eine Veränderung des Spreads zwischen den Eurodollars und den T-Bills.

Um das Risiko zu minimieren geht man zum Eurodollar eine Kontraposition ein. Geht man short, dann geht man in den T-Bills long oder umgekehrt. Short Eurodollar/long T-Bills ist die klassische Grundkonstruktion des TED-Spreads. Einen möglichen Verlust durch Fehleinschätzung der Zinssituation im Eurodollar kompensiert man durch Erträge bei den T-Bills.

Neben dem TED-Spread genießt auch der MOB-Spread vor allem in den USA eine große Popularität. Mit dem MOB (Municipal over T-Bonds) wird der Municipal Bond Index gegen Treasury Bonds (US-Kommunalobligationen) gehandelt. Der Municipal Bond Future richtet sich nach dem Bond Buyer Municipal Index (BBI), der circa 40 verschiedene steuerfreie Kommunalobligationen mit festem Coupon und einer Restlaufzeit zwischen 7 und 16 Jahren beinhaltet, die ein Mindesrating von „A" haben. T-Bonds sind US-Bundesanleihen mit einer Laufzeit von 30 Jahren. Bedingt durch die Steuervorteile rentieren Municipal Bonds normalerweise niedriger als

T-Bonds. Der MOB-Spread definiert also die Differenz zwischen dem Municipal-Bond-Future-Preis an der CBoT und dem T-Bond-Futures-Preis. Einen MOB-Spread errichtet man, indem ein Kontrakt Municipal-Bond-Future eworben und eine Short-Position im T-Bond aufgebaut wird.

Neben diesen klassischen Spread-Varianten ergeben sich natürlich auch noch ganz andere Spread-Möglichkeiten. Dem Erfindungsreichtum der Trader sind hier keine Grenzen gesetzt. Sie können beispielsweise auch an der Eurex den Bund-Future auf den Bobl-Future handeln (Bund-Bobl-Spread). Viele Spread-Varianten sind an der LIFFE in London möglich. Die dort angebotenen Zinsfutures stellen die größte Produktpalette an Zinsfutures in der Welt dar, mit denen sich mannigfaltige Spread-Strategien realisieren lassen.

Spreads mit Optionen

Bei Optionen spricht man von einem Spread, wenn gleichzeitig zwei Optionen gleichen Typs (Call oder Put) gekauft oder verkauft werden. Man kauft also Call A und verkauft Call B, oder man kauft Put A und verkauft Put B. Beide gehandelten Optionen unterscheiden sich hinsichtlich des Basispreises und/oder des Verfallstermins. Der Trader spekuliert auf die Veränderung der Spanne zwischen den Optionen. Bei Optionen unterscheidet man grundsätzlich zwischen

- Time Spread, auch Horizontal oder Calendar Spread genannt,
- Price Spread, auch Vertical oder Money Spread genannt und dem
- Diagonal Spread.

Bei einem Time Spread unterscheiden sich lediglich die Verfallsdaten der Optionen. Die Basispreise sind gleich (vgl. Abb. 7.34).

Abb. 7.34

Beispiel: Time Spread

Kauf:	Deutsche Bank Juni-Call Basispreis 48 Euro zu 4,62 Euro
Verkauf:	Deutsche Bank August-Call Basispreis 48 Euro zu 5,99 Euro

Bei einem Price Spread unterscheiden sich die Basispreise der Optionen. Die Verfallsdaten sind identisch (vgl. Abb. 7.35).

Abb. 7.35

Beispiel: Price Spread

Kauf:	Deutsche Bank Juni-Call Basispreis 48 Euro zu 4,62 Euro
Verkauf:	Deutsche Bank Juni-Call Basispreis 55 Euro zu 1,80 Euro

Ein Diagonal Spread wird durch zwei Optionen mit verschiedenen Basispreisen und verschiedenen Verfallsdaten aufgebaut (vgl. Abb. 7.36).

Ein Optionsspread besteht aus einer gekauften und einer verkauften Option. Wenn der Preis der verkauften Option größer als der Preis der gekauften ist, entsteht ein Überschuss, der den Kauf finanziert. Man spricht dabei auch von einem verkauften Spread oder

Abb. 7.36

Beispiel: Diagonal Spread

Kauf:	Deutsche Bank Juni-Call Basispreis 48 Euro zu 2,62 Euro
Verkauf:	Deutsche Bank August-Call Basispreis 55 Euro zu 3,26 Euro

einem Credit Spread. Ist die Prämie der gekauften Option größer als die der verkauften, spricht man von einem gekauften Spread oder einem Debit Spread.

Je nach Lage der Verfallsdaten, Optionsprämien und Basispreise lässt sich der Spread an die Markterwartung des Traders anpassen. Man unterscheidet grundsätzlich auch bei Optionen zwischen Bull und Bear Spread. Sie lassen sich mit Puts und Calls gleichermaßen realisieren. Gewinnpotenzial und Verlustrisiko hängen von der Größe des Spreads, also von der Differenz zwischen den Basispreisen und den Kursen der Basiswerte ab.

Mit einem Bull-Call-Spread (vgl. Abb. 7.37) spekuliert man auf ein Steigen des Basispreises und verkauft im Gegenzug einen Call mit höherem Basispreis. Mit der Short-Position senkt man den Prämienaufwand der gesamten Spread-Position. Der größtmögliche Profit errechnet sich aus der Differenz der Basispreise abzüglich der Optionsprämien. Der größtmögliche Verlust entsteht, wenn der Kurs des Basiswertes unter den niedrigen Basispreis sinkt und beide Optionen wertlos verfallen. Er ist gleich dem Netto-Prämienaufwand und man hat einen Debit Spread.

Abb. 7.37

Beispiel: Bull-Call-Spread

Long:	50 Deutsche Bank Juni-Calls Basispreis 95 Euro zu 10,30 Euro
Short:	50 Deutsche Bank Juni-Calls Basispreis 100 Euro zu 7,70 Euro
Maximaler Gewinn:	(100 - 95) - (10,30 - 7,70) x 50 = 120 Euro
Maximaler Verlust:	(10,30 - 7,70) x 50 = 130 Euro

Einen Bull-Put-Spread (vgl. Abb. 7.38) errichtet man durch den Verkauf eines Puts mit höherem und den Kauf eines Puts mit niedrigerem Basispreis. Durch den Verkauf des Puts nimmt man mehr ein, als man für den Kauf aufwenden muss. Die Differenz aus Prämienaufwand und -erlös ist der maximale Profit. Der maximale Verlust ergibt sich aus der Differenz der beiden Basispreise abzüglich Netto-Prämienerlös bei Eröffnung der Position. Damit haben wir einen Credit Spread.

Abb. 7.38

Beispiel: Bull-Put-Spread

Long:	50 Deutsche Bank Spetember-Puts Basispreis 95 Euro zu 9,30 Euro
Short:	50 Deutsche Bank September-Puts Basispreis 100 Euro zu 12,10 Euro
Maximaler Gewinn:	(12,10 - 9,30) x 50 = 140 Euro
Maximaler Verlust:	(100 - 95) - (12,10 - 9,30) x 50 = 110 Euro

Wenn man mit Optionen einen Bear-Call-Spread (vgl. Abb. 7.39) aufbaut, spekuliert man darauf, dass der Kurs des Basiswertes fällt. Ein Call mit niedrigem Basispreis wird verkauft und einer mit höherem gekauft. Wenn der Kurs am Verfallstag unter dem niedrigeren Basispreis liegt, wird der maximale Gewinn erzielt, der aus der Einnahme der Nettoprämie resultiert. Der maximale Verlust entsteht, wenn der Basiswert über dem höheren Basispreis liegt. Er errechnet sich aus der Differenz der Basispreise abzüglich des Netto-Prämienerlöses. Dies ist ebenfalls ein Credit Spread.

Abb. 7.39

Beispiel: Bear-Call-Spread

Long:	50 Deutsche Bank Juni-Calls
	Basispreis 100 Euro zu 7,70 Euro
Short:	50 Deutsche Bank Juni-Calls
	Basispreis 95 Euro zu 10,30
Maximaler Gewinn:	(10,30 - 7,70) x 50 = 130 Euro
Maximaler Verlust:	(100 - 95) - (10,30 - 7,70) x 50 = 120 Euro

Um auf sinkende Kurse zu spekulieren, ist neben dem Bear-Call-Spread auch der Bear-Put-Spread (vgl. Abb. 7.40) interessant. Dieser Spread setzt sich aus dem Kauf eines Puts mit höherem Basispreis und dem Verkauf eines Puts mit niedrigerem Basispreis zusammen. Den größtmöglichen Profit erzielt man, wenn am Verfallstag der Kurs des Basiswertes unter dem niedrigeren Basispreis liegt. Er entspricht der Differenz der Basiswerte abzüglich der Nettoprämien, die bei Eröffnung der Position gezahlt wurden. Wenn der Kurs des Basiswer-

Abb. 7.40

Beispiel: Bear-Put-Spread

Long:	50 Deutsche Bank Juni-Puts Basispreis 100 Euro zu 16,33 Euro
Short:	50 Deutsche Bank Juni-Puts Basispreis 90 Euro zu 11,38 Euro
Maximaler Gewinn:	(100 - 90) - (16,33 - 11,38) x 50 = 252,50 Euro (16,33 - 11,38) x 50 = 247,50 Euro

tes am Verfallstag den höheren Basispreis übersteigt, entsteht der maximale Verlust. Wir haben also wieder einen Debit Spread.

Diese Beispiele wurden mit einem Price Spread gerechnet, sind jedoch auf den Time Spread und den Diagonal Spread ohne Weiteres übertragbar.

Straddles und Strangles

Spreads sind eine wunderbare Methode, um das Riskiko von Termingeschäften einzugrenzen. Aber sie setzen eine grundsätzliche Markteinschätzung voraus. Das bedeutet, Sie müssen sich stets vorher darüber im Klaren sein, ob Sie eine Hausse oder eine Baisse erwarten. Sie wissen mittlerweile selbst, dass dies nicht immer ganz einfach ist. Leider gibt es Märkte, die sehr stark schwanken und deren Trends nicht immer hinreichend exakt prognostizierbar sind. Von der hohen Volatilität solcher Märkte können Sie aber profitieren, wenn Sie „Straddles“ oder „Strangles“ einsetzen, die ausschließlich mit Optionen durchführbar sind. Man unterscheidet hierbei zwischen „Long Straddles“ und „Short Straddles“ auf der einen und zwischen „Long Strangles" und „Short Strangles" auf der anderen Seite.

Der Long Straddle (vgl. Abb. 7.41) empfiehlt sich immer dann, wenn aus einem ruhigen Markt heraus größere Schwankungen zu erwarten sind, und ganz besonders, wenn sich die Richtung der Kurse nicht vorhersehen lässt. Der Long Straddle wird durch den Kauf einer gleichen Anzahl von Call- und Put-Optionen aufgebaut.

Abb. 7.41

Beispiel: Long Straddle

Kurs des Basiswertes: 100 Euro
Call Basispreis 100 Euro: Optionsprämie zehn Euro
Put Basispreis 100 Euro: Optionsprämie 7,50 Euro

Mit dieser Konstellation erzielen Sie einen Gewinn, wenn die Kurse sich derart verändern, dass mindestens die bezahlten Prämien verdient werden. Ihr maximaler Verlust ist auf die Summe der gezahlten Prämien beschränkt und tritt nur dann ein, wenn der Kassakurs am Verfallstag gleich dem Basispreis ist. Ihr Gewinnpotenzial ist jedoch unbegrenzt!

Wenn man im umgekehrten Fall einen Short Strangle aufbaut, dann verkauft man eine gleiche Anzahl von Puts und Calls. Der maximale Gewinn wird erreicht, wenn der Kassakurs am Verfallstag genau dem Basispreis entspricht. Er entspricht dabei der Höhe der vereinnahmten Prämien für die Optionen. Ein Verlust entsteht ab dem Zeitpunkt, zu dem die vereinnahmten Optionsprämien aufgezehrt sind und ist damit unbegrenzt.

Strangles sind den Straddles sehr ähnlich, da sie ebenfalls den Kauf oder Verkauf eines Calls oder eines Puts mit identischem Verfallsdatum kombinieren. Der Unterschied zum Straddle liegt in den verschiedenen Basispreisen. Üblicherweise verwendet man bei Strangles Optionen, die im Geld sind. Wie beim Straddle auch unterscheidet man zwischen einem Long und einem Short Strangle. In den USA nennt man die Strangles auch Combo. Ein Combo besteht meist aus Optionen, die aus dem Geld sind. Mit dem Long Strangle (vgl. Abb. 7.42) spekuliert man wie beim Long Straddle auf ansteigende Kurse.

Abb. 7.42

Beispiel: Long Strangle

Kurs des Basiswertes:	100 Euro
Call Basispreis 110 Euro:	Optionsprämie zehn Euro
Put Basispreis 90 Euro:	Optionsprämie acht Euro

Wenn der Kassakurs zum Verfallstag zwischen den beiden Basispreisen der Option liegt, dann entsteht der maximale Verlust in Höhe der gezahlten Optionsprämien. Die Verlustrisiken sind beim Strangle aufgrund der unterschiedlichen Basispreise höher als beim Straddle. Die Gewinnmöglichkeiten sind aber in etwa dieselben wie beim Straddle. Sie spekulieren wie beim vergleichbaren Short Straddle auf fallende Kurse. Der maximale Gewinn entspricht den eingenommenen Prämien. Das Verlustrisiko entspricht dem des vergleichbaren Straddle. Für den Anfang empfehle ich Ihnen Spreads, Straddles und Strangles, bei denen das Verlustrisiko eingeschränkt ist, die Gewinnpotenziale aber nach oben offen sind.

Nun haben Sie das theoretische Rüstzeug für den Einstieg in die Terminmärkte. Alle wichtigen Grundlagen dieses faszinierenden Geschäfts sollten Ihnen jetzt vertraut sein. Jetzt ist es an der Zeit, die Theorie in die Praxis umzusetzen!

Termingeschäfte in der Praxis

Termingeschäfte werden heute von manchen Zeitgenossen leider immer noch mit Roulett und Terminmarkthändler mit Zockern verglichen. Da ich selbst leidenschaftlicher Hobby-Roulette-, Karten- (Poker, Black Jack) aber auch Schachspieler bin, ärgert mich dieser Vergleich in der Sache nicht. Denn sowohl beim Roulette als auch z. B. beim Black Jack kann man sehr strategisch und systematisch vorgehen. Aber was so landläufig gemeint ist, das ärgert mich. Man versucht damit auszudrücken, dass Termingeschäfte reines Glücksspiel und unkalkulierbare Wetten sind. Das ist absolut falsch! Ich glaube, Sie stimmen mir da auch zu. Obwohl jeder halbwegs vernünftige Trader alles daran setzt, um den Faktor Glück soweit wie möglich auszuschalten, muss man der Fairness halber doch zugeben, dass die Spekulation mit dem Roulette zwei Dinge gemeinsam hat: Sowohl der Trader als auch der Spieler müssen zwei wichtige Kriterien kalkulieren, nämlich die Höhe des Einsatzes und die Möglichkeiten des Ausgangs einer Position. Termingeschäfte haben jedoch auch mit dem Schachspiel einiges gemeinsam. Das strategische, wohlüberlegte Vorgehen!

Chancen und Risiken

Eine Spekulation ist der Versuch, auf Basis von Zukunftserwartungen mit einer bestimmten Position Profit zu erwirtschaften. Ganz wichtig ist hierbei der Wahrscheinlichkeitswert. Er zeigt, wie häufig voraussichtlich das Ziel erreicht werden kann, Gewinn zu machen, wenn eine bestimmte Anzahl von Versuchen dazu unternommen wird. Der Wahrscheinlichkeitswert beruht auf andauernder Wiederholung eines Versuchs und kann auf einer Skala von null bis 100 gemessen werden. Keine Kursentwicklung kann exakt vorausgesagt werden! Wenn Sie eine Position eingehen, sollten Sie auf jeden Fall eine ungefähre Vorstellung über mögliche Entwicklungen der Kurse haben. Je nachdem, wie optimistisch oder pessimistisch Ihre Vorstellung ist, werden den unterschiedlichen Möglichkeiten einer Kursentwicklung entsprechende Wahrscheinlichkeitsgrade zugeordnet. Das ist völlig normal, denn jeder Mensch ordnet dem Eintreten eines Ereignisses eine Wahrscheinlichkeit zu. Man spricht von einer objektiven Wahrscheinlichkeit, sobald diese durch neutrale, objektive Eckdaten gestützt wird. Die subjektive Wahrscheinlichkeit lässt sich natürlich nicht errechnen, die objektive aber sehr wohl!

Ermittlung des Wahrscheinlichkeitswertes

Betrachten wir dazu das berühmte Münzenwerfen. Es gibt hierbei nur zwei mögliche Ereignisse: Kopf oder Zahl. Für jede der beiden Möglichkeiten beträgt die Wahrscheinlichkeit 50 Prozent. Noch ein Beispiel: Der Spieler möchte aus einem Kartenspiel mit 32 Karten ein Ass ziehen. Wie groß ist seine Chance, wenn er nur einmal ziehen darf? Die Wahrscheinlichkeit beträgt $^4/_{32}$ oder 12,5 Prozent.

Abb. 8.1

P + Q = 100 Prozent

In der Statistik ergeben Wahrscheinlichkeit und Gegenwahrscheinlichkeit zusammen immer 100 Prozent, wobei die positive Wahrscheinlichkeit rechnerisch mit „P" und die negative mit „Q" gekennzeichnet wird. Die statistische Wahrscheinlichkeitsformel sehen Sie in Abbildung 8.1.

Nehmen wir noch mal das Beispiel mit den 32 Karten. Die Wahrscheinlichkeit P, ein Ass zu ziehen, beträgt $^4/_{32}$ oder 12,5 Prozent. Wie groß ist nun die Gegenwahrscheinlichkeit, also die Chance, kein Ass zu ziehen? Die Antwort finden Sie in Abbildung 8.2.

Abb. 8.2

$$P + Q = 100\,\%$$
$$12{,}5\,\% + Q = 100\,\%$$
$$Q = 100 - 12{,}5\,\%$$
$$Q = 87{,}5\,\%$$

Die Wahrscheinlichkeit, kein Ass zu ziehen, beträgt also 87,5 Prozent. Auch wenn Sie Ihre Wahrscheinlichkeitsrechnung erstellt haben, ist noch immer nicht völlig klar, ob Sie die fragliche Position eröffnen sollen oder nicht. Denn eine weitere Frage lautet: Welchen Wert hat diese Position? In der statistischen Rechnung kann man den Wert Gewinnchance, statistisch Erwartungswert (E) genannt, mit folgender Formel errechnen:

Abb. 8.3

$$E = (P \times G) - (Q \times V)$$

Ermittlung des Erwartungswertes

Bei einer x-beliebigen Position wird mit einer Wahrscheinlichkeit von 20 Prozent ein Gewinn (G) von 5.000 Euro und mit einer Wahrscheinlichkeit von 80 Prozent ein Verlust (V) von 1.000 Euro erwartet. Der Erwartungswert beträgt:

Abb. 8.4

P = 0,2; Q = 0,8; G = 5.000 Euro, V = 1.000 Euro
E = (0,2 x 5.000) - (0,8 x 1.000)
E = 200 Euro

Im Durchschnitt können Sie also einen Gewinn von 200 Euro erwarten. Der Erwartungswert ist jedoch nicht der einzige Anhaltspunkt, auch die Tendenz zum Gewinn und zum Risiko bzw. die Höhe und Wahrscheinlichkeit von Gewinnen und Verlusten selbst spielen eine wichtige Rolle. Das klingt kompliziert, oder? Ist es aber nicht! Stellen Sie sich zwei Wettmöglichkeiten vor:

- Sie werfen eine Münze und gewinnen bei Kopf 100 Euro, während Sie bei Zahl 50 Euro verlieren.
- Sie setzen Ihr gesamtes Vermögen von 100.000 Euro ein und werfen wieder die Münze. Bei Kopf bekommen Sie 100.000 Euro dazu, bei Zahl verlieren Sie alles.

Das Chancen-Risiko-Verhältnis beträgt 2:1, da die Wahrscheinlichkeit zu gewinnen bzw. zu verlieren in beiden Fällen gleich groß ist. Und dennoch unterscheiden sich die beiden Wetten deutlich. Auf welche der beiden Wetten würden Sie sich einlassen? Gewinn und Verlust haben für jeden Menschen einen anderen Stellenwert. In einem unsicheren Umfeld reagieren die meisten Menschen nicht unbedingt automatisch auf den höchsten erwarteten Gewinn, sondern streben das für ihre Ausgangsposition Bestmögliche an. Genauso verhält sich der gewissenhaft kalkulierende Terminmarkt-Spekulant.

Ihre persönlicher Tradingplan

Die Terminmärkte sind die Königsklasse der Geldanlage. Die Champions League des Investments setzt für jeden Teilnehmer ein Höchstmaß an Professionalität voraus, um überhaupt an Gewinne denken zu dürfen. Hier sind die Finanz- und Investmentprofis unter sich und wer nicht fit ist, der scheidet aus dem „Spiel der Spiele“ schneller aus, als ihm lieb ist. Termingeschäfte eröffnen Ihnen einerseits zwar ungeahnte Profitmöglichkeiten, aber dennoch gibt es keinen vernünftigen Grund, Ihr Engagement zu überstürzen. Wichtig ist zunächst, dass Sie Ihre Arbeit in Ruhe vorbereiten. Entwickeln Sie einen Plan, der Ihren Vorstellungen und Neigungen entspricht und Ihre Einstellung widerspiegelt. Testen Sie Ihren Plan mittels „Simulated Trading“ (ich erkläre Ihnen im letzten Kapitel, was das genau ist) auf dem Papier (oder am Computer) unter realistischen Bedingungen, bis Sie von seiner Effizienz überzeugt sind. Die Hauptgründe für Fehlschläge an der Börse sind unzulängliche Vorbereitung und mangelnde Erfahrung. Arbeiten Sie daher immer einen vernünftigen Plan aus. Nur so werden Sie Leichtsinnsfehler, die an der Börse immer wieder gemacht werden und gerade im Terminmarkt fatale Folgen haben können, vermeiden.

Wie Sie bereits wissen, ist es die Hebelwirkung, die überdimensionale Gewinne im Terminmarkt ermöglicht, die aber auch so manchen unerfahrenen Trader in den Ruin treibt. Die erste und wichtigste Regel im Terminmarkt lautet daher:

Abb. 8.5

Ihr finanzielles Überleben ist wichtiger als jede Profiterwartung!

Komischerweise gelingt es den meisten Tradern erst gar nicht, ihre Ausgangsposition zu verlassen. Das soll heißen, diese Trader spekulieren zwar intensiv in den verschiedenen Märkten, erwirtschaften unterm Strich aber keine nennenswerten Erträge. Vor lauter Hoffnung auf den „großen Trend", der zu Reichtum und Wohlstand führt, verspielen sie ihren Einsatz und sind aus der Champions League der Geldanlage ausgeschieden, noch bevor sie eine reelle Chance hatten. Warum? Zunächst müssen Sie sich darüber im Klaren sein, dass es – über den Zeitraum eines Jahres hinweg betrachtet – nur ganz wenige, für Trader sehr profitable Trendbewegungen gibt. In Ihrer verständlicherweise unaufhörlichen Bemühung, eben diesen Trend zu erwischen, müssen Sie auch Verluste in Kauf nehmen und lernen, diese zu kalkulieren und damit richtig umzugehen. Eine weitere wichtige Regel lautet daher:

Abb. 8.6

Halten Sie Ihre Verluste so klein wie nur möglich!

„Alles klar", werden Sie jetzt sagen, „mach ich doch sowieso!", und dann werden Sie sich oder mich fragen, wie man denn Verluste klein halten kann? Die Bezeichnung „klein" ist natürlich relativ. Ein Konto mit 100.000 Euro kann summarisch einen größeren Verlust auffangen, als ein Konto mit 10.000 Euro. Aber darum geht es nicht! Es geht um das Verlustverhältnis, das klein bleiben muss! Ich selbst habe während meiner Ausbildung in den USA von alteingesessenen, erfahrenen „Trader-Hasen" folgende Faustregel gelernt:

Abb. 8.7

Der Verlust pro Trade sollte auf maximal zwei bis fünf Prozent der Kontogröße begrenzt bleiben!

Mit anderen Worten: Wenn Sie 10.000 Euro auf dem Konto haben, darf Ihr Verlust pro Trade nicht höher als 200 bis 500 Euro sein. Jetzt werden Sie vielleicht sagen, dass das nicht möglich ist und Sie mit so einer „konservativen" Strategie niemals zu wirklich viel Geld kommen. Doch das stimmt nicht! Sie können diese Regel ohne Probleme einhalten und trotzdem große Gewinne machen, wenn Sie beispielsweise Optionen einsetzen. Eines ist jedoch auch sicher: Sie werden ganz bestimmt nie das große Geld machen, wenn Sie diese Regel nicht befolgen! Sie ist nämlich die einzige Möglichkeit, Verlustperioden, die jeder Trader durchmachen muss, sicher und unbeschadet zu überstehen. Schauen wir uns nun einmal an, wie ein erfolgreicher Tradingplan aussehen muss.

Money Management

Das Money Management ist das erste und das wichtigste Kriterium eines jeden Tradingplans. Es ist überhaupt der wichtigste Punkt bei allen Investitionen, ganz gleich welcher Art. Mit einem seriösen und systematischen Money Management lässt sich auch mit einem einfachen und unprofessionell wirkenden Tradingsystem über einen längeren Zeitraum hinweg Geld verdienen. Ohne Money Management hingegen wird Ihnen das ausgekügelste System nur Verluste bringen. Das ist auch der Grund, warum viele Trader, die dasselbe System benutzen, völlig unterschiedliche Resultate erzielen. Es liegt in der menschlichen Natur, stets den Weg des geringsten Widerstandes zu gehen und Mühen zu scheuen. Diese allzu menschliche und natürliche Verhaltensweise kann jedoch an der Terminbörse fatale Folgen haben.

Wie wir wissen, hat die Börse ihre ureigenen Gesetze, die nicht immer logisch sind. Sehr oft, ja viel zu oft, wird ein Handelssystem, das den Anschein erweckt, nicht auf Anhieb zu funktionieren, voreilig aufgegeben. Nun stellt sich die Frage, was denn den Anschein erweckt, nicht zu funktionieren. Das sind vor allem die Emotionen während einer Verlustphase, die eine Schieflage zwischen Objektivität und Vision aufkommen lassen. Eine sehr gefährliche Situation für unerfahrene Trader! Der einzige Weg, stets die Objektivität zu wahren, besteht darin, Verlustphasen strategisch zu überwachen. Mittels eines strengen und kompromisslosen Money Managements! Die nachfolgenden fünf Punkte sollten Sie beim erstellen Ihres Money-Management-Plans in jedem Fall berücksichtigen:

1. Kontogröße: Wie viel sind Sie bereit, für Termingeschäfte einzusetzen?
2. Wie viel sind Sie bereit, für einzelne Positionen einzusetzen? Denken Sie nie in Summen, sondern immer prozentual in der Größenordnung Ihres Kontos! Lassen Sie sich nie und von niemandem

dazu verleiten, in absoluten Geldbeträgen zu denken. Ganz gleich, wie viel Geld Sie haben. Denken Sie immer prozentual! Ich selbst riskiere z. B. nie mehr als maximal drei Prozent meines Kontostandes pro Position. Meine 3-Prozent-Maxime hat mir schon unzählige Male geholfen, mein Kapital auch in Verlustphasen weitgehend zu erhalten. Auch wenn ich zehn verlustreiche Positionen aufgebaut habe, verlor ich doch nie mehr als 30 Prozent meines Geldes.

3. Wie viel sind Sie bereit, in einem Monat zu riskieren? Ich stoppe beispielsweise sofort den Aufbau neuer Positionen und liquidiere alle verlustreichen, sobald ich in einem Monat mehr als 15 Prozent meines Kapitals in den Sand gesetzt habe. Dann setze ich im Folgemonat komplett aus, mache Urlaub oder gehe reiten. Ich mache irgendetwas, um erst einmal Abstand zu gewinnen. Bei mir dauert es immer so zwei bis vier Wochen, bis ich meine gelassene Haltung wiederfinde und einen klaren Kopf habe. Meist hat sich in dieser Zeit dann auch der Markt gedreht.
4. Wie viel von Ihrem Handelskapital wollen Sie für die Hinterlegung der Margin einsetzen? Profi-Trader setzen nie mehr als 30 Prozent ihre Kapitals dafür ein. Ich selbst bevorzuge eine Summe zwischen 15 und 20 Prozent. Wenn Sie nämlich Ihren Margineinsatz unter 30 Prozent halten, können Sie Ihr Risikopotenzial viel effektiver kontrollieren. Die Festlegung Ihres Margin-Einsatzes ist ein wichtiger Faktor Ihrer Risikobegrenzung. In volatilen Zeiten steigt die Margin-Anforderung erfahrungsgemäß schnell und oft an.
5. Wie viel sind Sie bereit, in eine Handelsstrategie zu investieren, bevor Sie diese ändern? Das ist auch ein sehr wichtiger Punkt. Viele Trader ändern ihre Stragien und Systeme ständig und wechseln von einem zum anderen. Das ist einer der größten Fehler, den

man machen kann, denn oft kommt nach einer Reihe kleiner Verluste die Gewinnphase von ganz allein! Betreiben Sie Ihre eigene Analyse und folgen Sie Ihrem Gespür. Bilden Sie sich immer Ihr eigenes Urteil über die Strategie, der Sie gerade folgen, und lassen Sie sich nicht von Außenstehenden reinreden. Setzen Sie sich ein Limit, das klar eingrenzt, bis zu welchem Punkt Sie bereit sind, in ein System zu investieren. Halten Sie diese Vorgabe dann auch ein!

Die Tradingstrategie

Mit der Tradingstrategie legen Sie Ihren persönlichen, systematischen Weg fest, um in den Terminmärkten zu agieren. Natürlich sollte das Ziel dieses Weges darin bestehen, möglichst hohen Profit zu erwirtschaften. Aber das ist leider viel leichter gesagt als getan. Zunächst einmal sollten Sie festlegen, wie Ihre individuelle Börsenphilosophie aussehen soll. Möchten Sie auf langfristige Trendbewegungen setzen oder ziehen Sie es vor, kurzfristige Schwankungen auszunutzen? Das wirklich große Geld wird an der Börse natürlich mit den langen Trends verdient. Darüber hinaus reduziert eine langfristige Strategie die Kosten und Gebühren und erhöht damit die Chance auf sicheren Profit deutlich. Sind sie eher Trendfolger oder agieren Sie lieber gegen den Trend? Liegen Ihnen die Aktienmärkte besser, oder fühlen Sie sich wohler, wenn Sie mit Schweinebäuchen und Orangensaftkonzentrat handeln? Das sind wichtige Fragen, die Sie auch beantworten müssen, um eine halbwegs vernünftige Tradingstrategie zu entwerfen.

Als nächstes sollten Sie sich Gedanken darüber machen, mit welchen Indikatoren und Analysetechniken Sie Ihre Arbeit unterstützen. Möchten Sie (anfangs) auf Empfehlungen eines Börsenbriefs hören oder beschränken Sie sich lieber auf einen Markt (z. B. den deutschen Aktienmarkt), den Sie selbst analysieren können?

Als erstes legen Sie den Markt oder die Märkte fest, in denen Sie aktiv werden wollen. Zinsmärkte sind nach meiner Erfahrung empfehlenswerte Märkte für Terminmarkt-Einsteiger. Sie haben solide Trends und überschaubare Volatilitäten. Dasselbe gilt für Aktienmärkte, wobei es hier für den Anfänger oft lohnender ist, auf Indizes zu spekulieren. Die Warenmärkte sollten Sie erst dann ins Visier nehmen, wenn Sie in etwas ruhigeren Märkten Erfahrungen gesammelt haben.

Das Ausarbeiten und Festlegen einer grundsätzlichen Tradingstrategie hat nichts mit unnötiger Arbeit zu tun. Im Gegenteil! Sie erziehen sich selbst dazu, Ihre Arbeit mit System zu verrichten.

Abb. 8.8

Praxis-Tipp

Versetzen sie sich in die Lage eines Fondsmanagers, der einen neuen Terminmarktfonds auflegen will. Um Kunden für seinen Fonds zu gewinnen, müssen Sie das, was Sie mit Ihrem Fonds erreichen wollen, klar ausdrücken können.

Eine grundlegende Tradingstrategie könnte beispielsweise so definiert werden: „Ziel ist es, mit dem Tradingkonto auf mittel- bis langfristige Trends in den europäischen Aktienmärkten zu spekulieren. Um das Risiko anfangs so gering wie möglich zu halten, werden im ersten Jahr ausschließlich Optionen auf deutsche und europäische Aktien gehandelt. Der Gesamtmarktanteil im Konto wird mit 20 Prozent berücksichtigt. Dazu werden Optionen auf Index-Futures eingesetzt. Für die Handelsentscheidungen wird der Börsenbrief XY abonniert …"

So oder so ähnlich könnten Sie Ihre Strategie formulieren. Wichtig ist stets, dass Sie sehr kritisch vorgehen und Ihre eigenen Vorgaben aus dem Money Management genau einhalten. Legen Sie, wenn möglich, auch gleich von vornherein genau fest, welche Auftragsarten Sie einsetzen wollen oder müssen. Das hängt natürlich stark davon ab, an welcher Börse Sie handeln, mit welchem Handelssystem und mit welchem Broker. Stimmen Sie das System mit Ihrem Broker gleich zu Beginn ab und legen Sie sich in Ihrem Plan darauf fest.

Instinktives Trading oder Systemtrading?

Die Beantwortung dieser Frage ist ein ganz wesentlicher Teil Ihrer gesamten Tradingstrategie, die gleich zu Beginn klar sein muss. Das Tradingsystem, nach dem Sie Ihre Entscheidungen treffen werden, ist das Herzstück aller Aktivitäten. Ein Tradingsystem besteht aus Regeln, die den Beginn und/oder die Beendigung einer Transaktion festlegen. Die Mehrzahl der Tradingsysteme besteht aus mehreren Teilen mit Regeln für den Einstieg, den Ausstieg und die Risikobegrenzung. Das Regelwerk eines Tradingsystems kann dabei entweder fix sein oder gewisse Entscheidungsfreiheiten gewähren. Die Regeln können ganz einfach, aber auch sehr komplex gestaltet sein. Es gibt ganz simple Tradingsysteme, die nur nach dem Prinzip „kaufen, wenn andere verkaufen" vorgehen. Ein Tradingsystem muss vor allem in der Realität durchführbar sein und im Idealfall alle Bereiche des Tradings abdecken. Es muss logisch aufgebaut und einfach in der Handhabung sein.

Abb. 8.9

Praxis-Tipp

Um ein neues System zu testen, lassen Sie einen Laien damit arbeiten. Auch dieser sollte in der Lage sein, das System zu verstehen und danach erfolgreich zu handeln. Dann taugt es etwas!

In der Praxis hat jeder Trader ein individuelles System, das sich wie ein roter Faden durch alle seine Aktivitäten zieht. So wie man beispielsweise den Rhythmus eines Liedes von Dieter Bohlen aus Hunderten heraushört, so erkennt man auch den Stil eines Traders und Investors. Sie müssen Ihren eigenen Stil entwickeln, nur dann werden Sie erfolgreich sein. Millionen haben versucht, den ureigenen Stil eines Warren Buffett zu kopieren. Sein Stil ist zwar einfach, aber nur einer ist damit reich geworden: Warren Buffett!

Ein Unterschied in den Tradingsystemen besteht meistens auch im Hinblick auf die Datenbasis. So kann ein System auf der Basis von 5-Minuten-Charts, ein anderes auf der Basis von Wochen- oder Monatsdaten basieren. Wieder andere Systeme arbeiten mit einer Vielzahl von Variablen und Parametern. Das universelle System gibt es nicht. Jeder Trader eignet sich im Laufe der Zeit ein System an, das seinem Naturell, seiner Einstellung und seinem Typ entspricht. Seinen eigenen Stil eben!

Einen grundlegenden Vergleich zwischen den Tradingsystemen kann und muss man sogar anstellen. Es ist ein Vergleich zwischen dem instinktiven Trading und dem Systemtrading. Der instinktiv agierende Trader verwendet in der Regel jede Information, die ihm für sein Trading relevant und wichtig erscheint – so beispielsweise fundamentale Daten, Technische Analysen und Nachrichten, eventuell die Mondphasen, Ebbe und Flut usw. Der Fantasie sind hier keine Grenzen gesetzt. Was am Ende zählt, ist der Erfolg.

Ganz anders hingegen verhält sich der Systemtrader. Wie der Name schon sagt, folgt er kompromisslos einem mechanischen System, ohne Änderung, Modifikation oder Anpassung welcher Art auch immer. Nun stellt sich die Frage, welche Strategie erfolgreicher ist und welcher Typ Trader mehr Profit macht. Auch das lässt sich leider nicht so einfach beantworten. Instinktive Trader sind imstande, die relative Gewichtung einzelner Tradingvariablen der Situation entsprechend anzupassen. Sie können jederzeit vom trendfolgenden zum antizyklischen Trading wechseln. Instinktive Trader können auch mit Nachrichten weitaus mehr anfangen als mit den Kursen selbst und haben die Möglichkeit, den Umfang ihrer Positionen als Reaktion auf bestimmte Daten zu verändern. Dies alles sind natürlich Vorteile gegenüber einem festen System, das nur stur seinen vorgegebenen Regeln folgt. Aber das instinktive Trading hat auch Nachteile. Ein entscheidender Nachteil liegt darin, dass der instinktive Trader schneller zu gefühlsbestimmtem Handeln neigt. Wir haben bereits besprochen, dass Emotionen das Letzte sind, was Sie an der Terminbörse gebrauchen können. Ein weiterer Nachteil des instinktiven Tradings ist die Tatsache, dass Sie sich nur auf einen oder ganz wenige Märkte konzentrieren können. Und das ist der Vorteil des Systemtradings. Wenn ein System erst einmal steht, dann handelt es praktisch von alleine. Darüber hinaus haben Sie die Möglichkeit, damit viele Märkte zu handeln. Speziell Einsteigern im Terminmarkt empfehle ich das Systemtrading. Damit sind Ihre Chancen auf Erfolg sicher am größten.

Wie Sie ein eigenes Tradinsystem erstellen

Tradingsysteme für Futures und Optionen können nur dann erfolgreich sein, wenn Sie ihnen kompromisslos folgen. Dazu müssen Sie sich mit Ihrem System wohlfühlen und ihm vertrauen. Ohne Vertrauen werden die Transaktionen nicht gleichmäßig umgesetzt und Sie werden beginnen, die Handelssignale noch einmal zu überdenken. Der Aufbau und sorgfältige Tests Ihres Tradingsystems werden Ihnen dabei helfen, vor der ersten Position das notwendige Vertrauen zu gewinnen.

Der Aufbau eines eigenen Tradingsystems hilft Ihnen nicht nur, Vertrauen zu gewinnen, es ermöglicht Ihnen auch, ein System Ihren persönlichen Präferenzen anzupassen. Um optimale Resultate zu erzielen, muss jedes System so beschaffen sein, dass es Ihrem Temperament und Ihren Präferenzen genügt. Ein Trader, der seine eigene Methode entwickelt, erlangt eine sehr genaue Kenntnis des Tradingtempos und der Risiken, die in den Abläufen auftreten, denen er folgt. Er wird dann eher bereit sein, dem System auch an kritischen Punkten zu folgen.

Wie Sie sehen, ist das Trading im Terminmarkt eine sehr persönliche Sache. Kein System ist für jeden Trader gleich tauglich. Es gibt eine Vielzahl von Faktoren in einem System, bei denen die individuellen Präferenzen ins Spiel kommen. So kann es zum Beispiel vorkommen, dass sich ein Trader unwohl fühlt, wenn er bei starken Märkten kaufen oder bei Kursrückgängen verkaufen soll. Der Aufbau eines Tradingsystems ist eine fortlaufende Serie miteinander in enger Beziehung stehender Entscheidungen, wobei jede Wahl Vor- und Nachteile mit sich bringt. Der Systementwickler muss verschiedene Lösungen klug bewerten und Vor- und Nachteile sorgfältig abwägen. Das Geheimnis des Erfolgs ist die Fähigkeit, präzise die Prozeduren zu wählen, die die gewünschten Ergebnisse mit geringstem Aufwand erbringen, und die gleichzeitig noch Ihren persönlichen Handelspräferenzen entsprechen.

Um als Systementwickler erfolgreich zu sein, müssen Sie sich daran gewöhnen, zunächst einmal Probleme Schritt für Schritt präzise zu identifizieren und aus der Vielzahl aller Lösungen die am besten geeignete auszuwählen. Da es für jedes Problem mehrere Lösungen gibt, ist es Ihre Aufgabe, unter Berücksichtigung der persönlichen Präferenzen, der Systemziele und der Kosten, den für Sie besten Ansatz zu finden. Es wird kaum vorkommen, dass es die richtige oder falsche Antwort gibt. Meistens sind es immer einigermaßen brauchbare Lösungen mit akzeptablen Kosten. Wie gesagt, Ihre primäre Aufgabe besteht darin, die Probleme zu identifizieren. Sehen wir uns nun einmal an, welche wichtigen Punkte zu der Erstellung eines Tradingsystems gehören.

Auswahl der Märkte

Es gibt mittlerweile unzählige Terminkontrakte an den verschiedenen Börsen und jeden Monat kommen neue hinzu. In meinen Augen haben wir bereits zu viele Märkte, als dass man sauber und effizient jedem einzelnen von ihnen folgen kann. Selbst im Computerzeitalter ist das nur schwer möglich. Der erste Schritt beim Aufbau eines Tradingsystems muss also sein, aus dem Dickicht der Terminkontrakte eine handelbare Anzahl herauszufiltern. Bevor Sie sich mit Trends beschäftigen, müssen Sie erst einmal einen Mindeststandard für die Handelbarkeit setzen, um die Märkte zu isolieren, denen Sie folgen wollen. Verschwenden Sie keine Minute mit der Analyse von Märkten, in denen Sie nicht aktiv werden wollen. Es sei denn, Sie benutzen sie als Training.

Der primäre Faktor bei der Auswahl eines Marktes ist die Liquidität. Man muss stets schnell und effizient ein- und aussteigen können. Die besten Messzahlen für Liquidität sind das Volumen und das Offene Interesse (Open Interest). Ich raten Ihnen, stets Minimumstandards zu verlangen, wie beispielsweise 5.000 Kontrakte tägliches Volumen in dem Kontraktmonat, in dem Sie handeln wollen. Zusätzlich zur Liquidität müssen Sie sich auch mit anderen wichtigen Kontrakteigenschaften beschäftigen, wie zum Beispiel der historischen Volatilität und der Verfügbarkeit exakter fundamentaler und technischer Daten. Märkte mit weit schwankenden Trends in der Vergangenheit sind engen, sich nur schwach bewegenden Märkten vorzuziehen. Schneller Zugriff auf exakte fundamentale und technische Daten ist eine wichtige Voraussetzung. Das gilt auch dann, wenn Sie diese Daten in Ihrer eigenen Analyse nicht unbedingt berücksichtigen wollen. Die Tatsache, dass solche Daten überhaupt verfügbar sind, macht diese Märkte auch für andere Trader interessant und schafft Liquidität.

Wenn man Mindestanforderungen für Volumen und Offenes Interesse setzt, so ermöglicht das, die Märkte von über 100 auf circa 20 zu reduzieren. Diese Anzahl an Märkten ist halbwegs akzeptabel, die Bewegungen der Märkte können so täglich verfolgt werden. Bedenken Sie, dass Kurse, Volumen und Offenes Interesse ebenfalls schwanken, wenn sich die fundamentalen und technischen Daten ändern. Das Volumen tendiert dazu, in steigende Märkte zu fließen, während seitwärts oder abwärts gerichtete Kontrakte an Volumen verlieren. Machen Sie sich keine Sorgen darüber, irgendwelche großen Marktbewegungen zu verpassen. Die Kursentwicklung zieht das Volumen sehr schnell an, sodass Sie in jedem Fall davon profitieren werden, sobald sich ein größerer Trend entwickelt.

Volumen und Offenes Interesse müssen regelmäßig überprüft werden. Ich empfehle Ihnen, das zweimal pro Monat zu tun. Sie werden feststellen, dass sich Ihre Auswahl der Märkte von Zeit zu Zeit ändert. Volumen und Offenes Interesse verringern oder vergrößern sich und über- bzw. unterschreiten Ihre Minimummarken, während das Offene Interesse und die Umsatzrichtlinien dafür sorgen, dass Sie nicht in trendlosen Märkten investiert sind und dadurch effektiv Geld sparen. Die Einhaltung Ihrer Kriterien wird dafür sorgen, dass Sie in Märkten engagiert sind, die großes Potenzial für Profite bieten.

Während Sie laufend das Volumen und das Offene Interesse beobachten, werden Sie auch herausfinden, dass das Auslaufen eines Kontraktes und andere, saisonale Faktoren starke Veränderungen des Offenen Interesses mit sich bringen können. Bevor Sie eine Entscheidung über das Hinzufügen oder Ausschließen eines bestimmten Marktes treffen, sollten Sie bei solch krassen Veränderungen besser mit einem gleitenden Durchschnitt arbeiten.

Das Erkennen von Trends

Wann immer Sie von Trends sprechen, sollten Sie darauf achten, diese Trends in Bezug auf eine Zeitperiode zu definieren. Für unsere Zwecke sind nur Trends interessant, die länger als drei bis vier Monate andauern. So können wir die verschiedenen Technischen Indikatoren, die wir benutzen, auf täglicher, wöchentlicher oder monatlicher Zeitbasis einsetzen. In diesem Stadium benutzen wir die Indikatoren jedoch nicht für den Ein- oder Ausstieg, sondern lediglich zur Bestimmung der Marktrichtung. Sobald dies erledigt ist, kümmern wir uns um den Zeitpunkt des richtigen Einstiegs.

Zunächst aber muss die einfache, aber dennoch wichtige Frage beantwortet werden, ob die Märkte, denen wir folgen, aufwärts, abwärts oder seitwärts tendieren. Es gibt eine Reihe Technischer und fundamentaler Indikatoren, die man zur Beantwortung dieser Frage heranziehen kann. Trendbestimmung und -identifikation sind eine Domäne der Technischen Analyse. Wenn die Indikatoren bei ihrer Richtungsangabe eine bestimmte Wahrscheinlichkeit erkennen lassen, dann ist ein Trend in eine bestimme Richtung identifiziert. Geht er nach oben, positionieren Sie sich long, geht er nach unten, nehmen Sie eine Short-Position ein. Bewegt er sich seitwärts – dann wird es schon schwieriger, denn Sie können nicht mehr trendfolgend arbeiten. Wenn Sie sich einmal mit der Technischen Analyse ausgiebig befasst haben, werden Sie schnell Möglichkeiten erkennen, wie Sie auch bei Seitwärtstrends sehr erfolgreich spekulieren können.

Der richtige Zeitpunkt zum Einsteigen

Viele Trader haben Probleme damit, die Komplexität des Erstellens von Tradingsystemen richtig einzuschätzen, und machen den fatalen Fehler, nach einem „Superindikator“ zu suchen, der ihnen alle Probleme abnimmt. Sie leben mit der Fehleinschätzung, dass der „Superindikator“ in der Lage ist, jeden Trend zu identifizieren und den richtigen Zeitpunkt zum Einstieg exakt vorauszusagen. Es wäre wirklich wunderbar, wenn es solche Indikatoren gäbe. Doch die gibt es leider nicht! Viel sinnvoller ist es deshalb, sich mit jedem Kriterium einzeln zu beschäftigen, es zu untersuchen und dann sorgfältig geeignete Indikatoren auszuwählen, um zu einer entsprechenden Lösung zu kommen. Der richtige Einstieg in eine Terminmarktposition ist mit einem Marathon vergleichbar. Zunächst müssen Sie wissen, wo Ihr Ziel ist und in welche

Richtung Sie laufen. Sie gehen dann in Position und laufen los. Sie steigen in den Markt ein. Zu jedem Zeitpunkt besteht ein Markt aus mindestens drei Trends:

1. **Langfristiger Trend (Wochen/Monate)**
   Diesen benutzen Sie, um die Richtung des Marktes zu bestimmen.
2. **Mittelfristiger Trend (Tage/Wochen)**
   Diesen gilt es zu identifizieren, um einen möglichen Einstieg zu bestimmen.
3. **Kurzfristiger Kursverlauf (gestern und heute)**
   Dieser kurzfristige Trend sagt Ihnen, wo der beste Einstiegszeitpunkt ist.

Für die Lösung des Problems der Trendidentifikation ist es unbedingt notwendig, dass Sie sich mit den Analysemethoden wirklich detailliert beschäftigen.

Dauer und Erweiterung einer Position

Das wichtigste Ziel eines Traders ist es, einen größtmöglichen Profit zu erzielen und das Risiko möglichst überschaubar zu halten. Der Zeitraum, der zur Realisierung dieses Profits notwendig ist, spielt dabei eine große Rolle, wenn es darum geht, das Ergebnis zu würdigen. Ein Profit von 20 Prozent kann sensationell sein, wenn Sie ihn binnen weniger Tage realisieren. Wenn Sie aber in fünf Jahren nicht mehr als 20 Prozent machen, dann ist das keine besondere Leistung. Darum ist es wichtig, dass Sie Ihre Tradingziele immer ins richtige Verhältnis zur benötigten Zeit setzen. Sobald Ihre Position in die Profitzone kommt, sollten Sie diese erweitern. Ich erinnere an dieser Stelle an einen wichtigen Leitsatz für alle Investoren:

Abb. 8.10

**Verlust möglichst gering halten –
Gewinne aber laufen lassen und maximieren!**

Für die Erweiterung gibt es zwei Möglichkeiten:

– das Averaging und
– das Pyramiding

Beim Averaging gehen Sie zu Ihrer bestehenden Position eine weitere ein, die genauso groß ist. Das Averaging kann mit und gegen den Markt betrieben werden. Wenn Sie mit dem Markt erweitern, laufen Sie Gefahr, dies zu einem Preisniveau zu tun, bei dem die Gewinne eigentlich schon realisiert werden sollten. Diese setzen Sie mit dem neuen Einsatz aufs Spiel, und zwar zu einem jetzt höheren Risiko. Die Wahrscheinlichkeit einer weiterhin ungebrochenen positiven Marktentwicklung verringert sich nämlich. Wenn Sie gegen den Markt erweitern, also dann, wenn die Kurse fallen, ist dies unter Umständen sogar noch risikoreicher. Irgendwann kommt der Punkt, an dem Ihr Kapital erschöpft ist oder die ganze Angelegenheit verursacht so hohe Verluste, dass Sie liquidieren müssen. Das Averaging ist in meinen Augen nicht unbedingt die optimale Taktik, um Positionen sauber zu erweitern.

Ganz anders das Pyramiding, das sich deutlich vom Averaging unterscheidet. Neben der Entscheidung, wann eine Position erweitert wird, steht die Frage, in welchem Umfang dies geschehen soll. Bei einem sauberen Pyramiding wird die Position in einem jeweils gleichmäßig kleineren Umfang als beim vorherigen Mal ausgebaut. Im folgenden Beispiel sehen Sie, wie optimales Pyramiding funktioniert:

Abb. 8.11

Pyramiding zur Erweiterung einer Position

1. Order	9 Kontrakte	XXXXXXXXX
2. Order	7 Kontrakte	XXXXXXX
3. Order	5 Kontrakte	XXXXX
4. Order	3 Kontrakte	XXX
5. Order	1 Kontrakt	X

Wenn eine Position so pyramidisiert wird, können Kursrückgänge die Profite nicht so schnell auffressen. Kursanstiege hingegen können erhebliche Ertragssteigerungen bewirken.

So geht man mit einer Position um, die in die Profitzone läuft. Man lässt Gewinne laufen, muss im Gegenzug aber mögliche Verluste begrenzen. Dazu bedient man sich der Stoppmarken.

Einsatz von Stoppmarken

Jeder halbwegs erfahrene Trader verwendet Stoppmarken, denn diese sind zwingend notwendig, um herbe Verluste zu vermeiden. Wer sich ohne Stoppmarken an die Terminbörse wagt, der begeht finanziellen Selbstmord. Stellen Sie sich also der Aufgabe, korrekte und saubere Stoppmarken festzulegen, denn das wird Sie dazu zwingen, genau zu kalkulieren, wie viel Kapital Sie bereit sind zu verlieren. Die Stoppmarke wird im Wesentlichen natürlich auch von der jeweiligen Analyse bestimmt werden, den eigentlichen Ausschlag sollte aber immer der für Sie akzeptable Verlust geben. Am häufigsten werden Stoppmarken bei einem Preisniveau festgelegt, das eigentlich als Unterstützungsniveau angesehen wird. Das hat zur Folge, dass Sie bereits dann ausgestoppt werden, wenn der Preis unter den tiefsten Stand des Vortages oder unter das niedrigste Niveau der letzten Tage fällt.

Wenn Sie Ihre Analyse durcharbeiten und die ideale Stoppmarke suchen, dann müssen Sie daran denken, dass vielleicht Tausende andere Trader in diesem Moment genau dasselbe tun. Die meisten dieser Trader setzen ihre Stopps etwas unter dem angenommenen Unterstützungsniveau. Deshalb sollten Sie Ihre Stopps etwas niedriger setzen, als Sie dies von den anderen erwarten. Das wäre eine Methode. Eine andere, optimale Stoppmarken zu setzen, orientiert sich am Preis. Nach dieser Methode legen Sie von vornherein fest, dass Sie zum Beispiel nie mehr als eine bestimmte Summe aus einem Kontrakt verlieren dürfen. Diese Variante empfehle ich vor allem Einsteigern und Systemtradern. Sie ist einfach und klar.

Der richtige Ausstieg

Viele Trader verwenden den Großteil ihrer Zeit darauf, den optimalen Einstieg in den Markt zu finden. Nach meiner Auffassung hat sich die falsche Meinung etabliert, dass der Erfolg im Markt wesentlich vom richtigen Zeitpunkt des Einstiegs abhängt. Aber genau das Gegenteil ist der Fall! Der Einstiegszeitpunkt ist wahrscheinlich einer der unwichtigsten Faktoren in einem gut aufgebauten Tradingsystem. Der wirkliche Schlüssel zum Erfolg liegt aber im Wissen um den richtigen Ausstieg.

Angenommen wir befinden uns mitten in einer offenen Position und haben Stoppmarken gesetzt. Entweder wir verdienen Geld oder wir werden ausgestoppt. Die Verluste können wir momentan beiseite schieben, denn sie sind durch die Stoppmarken begrenzt. Es ist sehr viel wichtiger, Wege zu finden, um den Profit zu maximieren. Wenn sich der Markt in die gewünschte Richtung bewegt, sind wir ständig damit konfrontiert, dass wir uns entscheiden müssen, ob wir einen schnellen oder sicheren Profit mitnehmen wollen oder ob wir die Position, in der Hoffnung, noch mehr Gewinn zu machen, erweitern sollen.

Allgemein kann man feststellen, dass gerade unerfahrene Trader dazu tendieren, Geld zu verlieren, und dass sie viele kleine Verluste einsammeln. Erfahrene Trader hingegen weisen einen relativ hohen Prozentsatz profitabler Trades mit wenigen Verlusten auf. Systeme, die kleine Gewinne mitnehmen, müssen einen hohen Prozentsatz von profitablen Transaktionen aufweisen, um erfolgreich zu sein. Wir stehen nun vor einem Problem: Sollen wir kleine Profite mitnehmen, anstatt abzuwarten, bis sie entschwinden und sich in Verluste verwandeln, oder sollen wir die Gewinne laufen lassen und Positionen erweitern? Es ist sehr schwer, hier den richtigen Rat zu geben, denn diese Entscheidung wächst mit der Erfahrung im Markt und mit dem Gespür, das Sie entwickeln werden. Ich bin der Meinung, ein Trader sollte mit einem Mindestprofit pro Transaktion arbeiten, der in direkter Beziehung zum Betrag steht, den er verliert, wenn sein Stopp ausgelöst wird. Die meisten erfolgreichen Trader machen durchschnittlich Profite, die klar größer sind als ihre durchschnittlichen Verluste.

Die einfachste Strategie, richtig auszusteigen und Gewinne mitzunehmen, ermöglicht es, Profite einzufahren, während man gleichzeitig das Potenzial für weitere Gewinne offen lässt. Dazu arbeiten Sie mit zwei Kontrakten und nehmen den Gewinn der ersten Position bei einem konservativ gewählten Zielpreis mit, während Sie die zweite Position systematisch erweitern und die Gewinne dort laufen lassen. Diese Methode erfordert allerdings einen vergleichsweise höheren Kapitaleinsatz. Dennoch ergeben sich klare Vorteile. Der Profit aus dem ersten Kontrakt gibt Ihnen freie Fahrt für den zweiten und Sie können ruhig erweitern und abwartend vorgehen. Außerdem verschafft Ihnen der erste Profit genügend finanziellen Spielraum in der zweiten Position, um nicht zu früh ausgestoppt zu werden. Aber diese Strategie hat auch Nachteile! Dies gilt dann, wenn Sie in der falschen Richtung starten. Dann sind Sie nämlich mit zwei Verlustpositionen konfrontiert und nicht nur mit einer.

Liegt Ihnen diese Strategie nicht und wollen Sie lieber traditionell mit einem Kontrakt arbeiten, sollten Sie eine Ausstiegsmethode anwenden, die dem Markt einigen Spielraum lässt, solange er nicht überkauft ist. Ziehen Sie Ihre Stopps enger, sodass sie den größten Teil des Profits absichern, sonst aber immer noch die Chance behalten, größere Gewinne zu erzielen und gegebenenfalls zu erweitern, wenn der Markt weiter in die gewünschte Richtung geht.

Eine weitere, einfache und trotzdem effektive Methode besteht darin, eine nachfolgende Stoppmarke zu benutzen und darauf zu warten, bis Sie von diesem Stopp aus dem Markt geworfen werden. Wenn Sie so vorgehen, wissen Sie immer, wie viel Profit Sie zu welchem Zeitpunkt wieder abgeben müssen. Diese Stoppvariante mag sehr banal erscheinen, aber sie hat sich in vielen Tests und Probesystemen gut bewährt.

Um die für Sie optimale Stoppvariante zu finden, rate ich Ihnen, diese mittels Simulated Trading zu testen. Gehen Sie auf dem Papier an die 20 bis 30 Positionen unter Realbedingungen ein und testen Sie die Stoppmarken. Wenn Sie mit einer Variante profitabel sind, dann wenden Sie diese an!

Der richtige Widereinstieg

Wie wir gesehen haben, kann ein optimaler Ausstieg den Unterschied zwischen Profit und Verlust ausmachen und er ist damit eines der wichtigsten Elemente eines Tradingsystems. In der Praxis ist es aber leider so, dass wir in unserem Bemühen, den Markt zu verlassen, bevor wir zu viel unseres Profits wieder abgeben, oft schon aussteigen, bevor der Trend endet. Läuft der Trend in die gewünschte Richtung weiter, brauchen wir eine Strategie zum Wiedereinstieg in den Markt. Die großen Trends sind leider viel zu rar, als dass man es sich leisten könnte, sie einfach ungenutzt laufen zu lassen. Wir müssen sicherstellen, dass wir rechtzeitig wieder in den Markt einsteigen, wenn sich unser Ausstieg als zu früh erwiesen hat.

Bei Widereinstieg hat sich das Wesen des Marktes wahrscheinlich grundlegend geändert. Der Markt befindet sich nun mitten in einem starken und gut definierten Trend und damit in einer Phase, in der die Volatilität der Kursbewegungen erheblich größer ist als zuvor. Wir sind an einem Punkt angelangt, an dem wir sehr viel über die Richtung des Marktes wissen. Was wir jetzt brauchen, ist ein schneller Widereinstieg, damit wir so wenig wie möglich von der Bewegung verpassen.

Eine populäre Strategie, zum richtigen Zeitpunkt wieder einzusteigen, besteht darin, bei einem neuen Hoch zu kaufen (wenn wir vorher long waren) bzw. bei einem neuen Tief zu verkaufen (wenn wir vorher short waren). Hier gehen wir von der klassischen Annahme aus, dass die Fähigkeit des Marktes, mit diesen klassischen Widerstandspunkten fertig zu werden, ein Indiz dafür ist, dass sich der Trend fortsetzt. Es stellt sich natürlich die berechtigte Frage, warum wir eine Position aufgeben sollten, wenn wir mit dem Trend zufrieden sind? Den Vorteil erkennt man recht schnell, wenn sich die Korrektur nicht nur als kurzfristiger Rückschritt erweist, sondern als ausgewachsene Trendwende. In diesem Fall verlassen wir den Markt profitabel und steigen nicht wieder ein, wenn der Trend in die Ursprungsrichtung weiterläuft. Wenn Sie warten, bis der Markt ein neues Hoch bildet, kann das unter Umständen zu lang sein. Allerdings muss die Marktstärke zeigen, dass die Korrektur auch wirklich abgeschlossen ist. Sie müssen Ihre Analyse also auch auf diesen Punkt hin konzentrieren.

Mit der Ausarbeitung und Festlegung dieser Punkte wäre Ihr persönliches Tradingsystem fertig und Sie können es zunächst testen. Selbstverständlich ist es auch sehr wichtig, dass Sie Ihr System stets auf seinen Erfolg hin überprüfen, so wie jedes Unternehmen seine Geschäftstätigkeit überprüft.

System-Controlling

Das „ultimative“ Tradingsytem gibt es nicht. Alle Systeme versagen irgendwann einmal. So wie Unternehmen ihre Marketingstrategie geänderten Nachfragesituationen anpassen müssen, so ist es auch für einen Trader unerlässlich, dass er sein Handelssystem veränderten Märkten anpasst. Sie sollten also ein System-Controlling anwenden, um jederzeit sichtbare Symptome des Versagens Ihres Systems zu erkennen, bevor Ihnen einmal das Geld oder die Geduld ausgehen. Zum effektiven Controlling benötigen Sie ein „Frühwarnsystem", damit Sie Ihr Tradingsystem entweder ändern und anpassen oder aufgeben können.

Die meisten Trader begnügen sich mit den berühmten Ergebnissen unterm Strich, das heißt, mit der banalen Feststellung, ob sie nun Geld verdienen oder verlieren. Das Problem bei dieser Denkweise besteht aber darin, dass alle Tradingsysteme periodisch Geld verlieren. Also kann man seine Aufmerksamkeit nur auf übermäßig große Verlustperioden lenken. Dann ist es aber meistens schon zu spät! Was Sie also brauchen, ist ein aussagefähiges, objektives Controlling-Instrument, das Sie jenseits der „Unter-dem-Strich"-Methode vor Problemen warnt, bevor Verluste überhaupt entstehen. Doch wie erkennt man Verluste, die auf ein fehlerhaftes System hinweisen?

Der sinnvollste Weg, Kriterien für die Bewertung aktueller Ergebnisse zu erhalten, besteht darin, aussagekräftige Performancedaten zu berechnen, während das System noch auf Basis historischer Daten getestet wird. Die Daten, die man durch den Test erhält, müssen ständig mit den laufenden Daten des Tradings verglichen werden. Wichtig ist, das Problem zu identifizieren, sobald man darauf aufmerksam wird. Wenn Sie die laufende und die historische Performance einzeln für jeden Terminkontrakt festhalten, wird es Ihnen nicht schwerfallen, spezifische Probleme zu erkennen und zu isolieren. So ist es beispielsweise sehr hilfreich zu wissen, ob bei einem bestimmten Terminkontrakt eine bestimmte Anzahl von Verlusttransaktionen aufgetreten ist, und sich gegebenenfalls Klarheit über die Ursachen zu verschaffen. Es kann gut sein, dass eine unvorhergesehene Intervention der Zentralbank bei einer Währung im Spiel war. Gerade in solchen Fällen kommt dem Wissen, dass Tests und die historische Erfahrung eine bestimmet Anzahl an Verlusten erwarten lassen, eine wichtige Bedeutung zu. Denn nur auf dieser Basis können Sie zu dem Schluss kommen, dass Ihre Einstiegs- und Ausstiegstrategie stimmt. Möglicherweise kommt man auch zu der Erkenntnis, dass es nicht besonders klug ist, verschiedene Positionen auf derselben Seite eines Marktes zu halten.

Die genaue Beobachtung und das Controlling sind die letzten Elemente in einem disziplinierten Ansatz zur Erstellung eines effektiven Tradingsystems. Wie ich bereits ausgeführt habe, gibt es das ultimative Tradingsystem leider nicht. Und so kann ich Ihnen die Arbeit an Ihrem eigenen System auch nicht abnehmen. So wie ich stets auf der Suche nach neuen und besseren Möglichkeiten bin, ist es jeder andere vernünftige Trader auch. Sie sollten das ebenfalls sein!

Der Handel an der Terminbörse

Der Handel mit Terminmarktprodukten an den verschiedenen Börsen ist für viele leider noch immer ein Buch mit sieben Siegeln, obwohl sich die meisten Börsen alle erdenkliche Mühe geben, den Marktteilnehmern möglichst einfache Bedingungen zu bieten. Wir werden uns in diesem Kapitel, das sich ausschließlich mit dem praktischen Handel an der Terminbörse beschäftigt, überwiegend den Futures widmen. Das hat seinen guten Grund, denn der Handel mit Optionen unterscheidet sich kaum vom Handel mit Aktien und ist relativ einfach zu bewerkstelligen.

Die Auswahl des geeigneten Brokers

Um überhaupt an der Börse etwas kaufen oder verkaufen zu können, müssen Sie ein Konto bei einer Bank oder bei einem Broker eröffnen. Die Auswahl ist heute beileibe nicht einfach, denn eine Vielzahl von Discount-, Online- und traditionellen Brokern buhlt mit teilweise aggressiver Werbung um die Gunst der Kunden. Damit Ihnen die Auswahl etwas leichter fällt, möchte ich Ihnen dazu folgende Tipps geben:

- **Kompentenz in Termingeschäften**
  Nichts gegen Ihre Sparkasse um die Ecke, aber wenn es um die Abwicklung von Termingeschäften an internationalen Börsen geht, sollten Sie sich einem Spezialisten anvertrauen. Hat der Broker Mitarbeiter, die auf Termingeschäfte spezialisiert sind, die Ihre Fragen kompetent beantworten und Ihre Orders entsprechend ausführen können?
- **Margin-Erfordernisse**
  Wie hoch ist der Minimalbetrag bei Optionsaufträgen und welche Margin-Hinterlegungen werden gefordert?
- **Gebühren**
  Wie hoch sind die Gebühren für das Trading, die Kontoführung und sonstige Dienstleistungen?
- **Kundenservice**
  Welcher persönliche Service wird von der Brokerfirma angeboten?
- **Elektronischer Service**
  Welchen Service für die Auftragsabwicklung bietet Ihnen die Firma an (Telefon, Online etc.)?
- **Sonstiger Service**
  Können Sie über das EDV-System der Brokerfirma kostenlos Daten über Kontrakte und Kurse abrufen? Bietet die Firma auch Analysen an, die Sie nutzen können?
- **Ruf des Brokers**
  Informieren Sie sich eingehend über den Ruf der Firma! Ist sie bekannt dafür, Kunden ordentlich zu betreuen, Aufträge

prompt auszuführen und sich bestmöglich für ihre Kunden einzusetzen?

Am besten ist es, anfangs möglichst viele Angebote einzuholen. Sprechen Sie auch mit Bekannten, die Börsengeschäfte tätigen, über deren Broker. Wägen Sie die Angebote gegeneinander ab und versuchen Sie, denjenigen Broker zu finden, der am besten zu Ihren Bedürfnissen passt. Als Einsteiger sollten Sie vielleicht besser zu einem Broker gehen, der Ihnen mehr Service bietet – auch wenn er etwas höhere Gebühren verlangt. Später, wenn Sie dann erfahrener sind, können Sie immer noch zu einer Firma wechseln, die preiswert ist und dafür weniger Service anbietet.

Es gibt verschiedene Arten von Brokern. Ein sogenannter Full-Service-Broker bietet Ihnen alle Dienstleistungen rund um die Börse an. Die Gebühren sind bei solchen Brokern natürlich höher als bei denen, die ein begrenzteres Serviceangebot haben. Oft sind die Gebühren aber auch verhandelbar und richten sich nach dem Umsatz. Full-Service-Borker bieten Leistungen an, die es anderswo nicht gibt, so beispielsweise individuelle und persönliche Beratung.

Sehr populär sind Online- und Discount-Broker. Sie sind deutlich billiger als die Full-Service-Broker, bieten dafür aber keinerlei Beratung und Betreuung an. Bei einem Discount-Broker sind Sie vollkommen auf sich allein gestellt. Persönlichen Kontakt zu den Brokern gibt es so gut wie gar nicht, weshalb sich diese in erster Linie an sehr erfahrene Trader richten, die wenig oder keine Betreuung mehr benötigen.

Auf Termingeschäfte spezialisierte Broker gibt es erst seit wenigen Jahren. Sie füllen eine neue Marktlücke aus, die von den traditionellen Brokerhäusern vernachlässigt wurde. Der Vorteil dieser Häuser liegt darin, dass die dort arbeitenden Broker relativ viel von Terminmärkten verstehen und mit ihren Kunden persönlichen Kontakt halten. Solche Brokerhäuser führen auch umfangreichere Terminmarkt-Aufträge aus, die andere lieber meiden, zum Beispiel Spreads. Diese Spezialbroker verlangen normalerweise Gebühren, die zwischen denen der Discount-Broker und der Full-Service-Broker liegen.

Online-Broker agieren über das Internet und bieten Ihnen die Auftragsabwicklung, wie der Name schon sagt, online an. Hier stellt sich die Frage, warum man über das Internet handeln sollte. Vor 100 Jahren, als es auch schon Börsen gab, stellte man wohl die ebenfalls berechtigte Frage, warum man über das Telefon handeln sollte. Das Internet ist einfach, schnell, kennt keine Zeitverzögerung und hilft, Gebühren zu sparen. Die leichte Bedienbarkeit ist sicher das entscheidende Argument für Online-Brokerage. Mit einem Klick ist der Trade ausgeführt. Man kann außerdem rund um die Uhr aktuelle Informationen rund um sein Konto abrufen und sein Depot überprüfen. Doch das Internet hat auch seine Schattenseiten, die man nicht vergessen darf, vor allem dann nicht, wenn man Geld bewegt. Die mangelnde Sicherheit ist noch immer die Achillesverse des Internets. Was für Sie beim Online-Broker vorteilhaft ist, das übt auch eine magische Anziehungskraft auf skrupellose Hacker und andere üble Zeitgenossen aus. Sicher, in den letzten Jahren hat sich die Sicherheit des Online-Bankings und damit auch der Online-Brokerage deutlich verbessert, aber hundertprozentig sicher ist es nicht. Ich selbst handele aus genau diesem Grund nicht über das Internet, sondern gebe meine Orders in altmodischer Weise per Telefon ab.

Wenn Sie sich für einen Broker entschieden haben, müssen Sie nur noch das Konto eröffnen und Ihr Kapital dort einzahlen.

Abb. 8.12

Praxis-Tipp

Suchen Sie sich einen Broker aus, der Ihnen gerade in der Anfangszeit zur Seite steht. Schauen Sie nicht nur auf die Gebühren, sondern auch auf den Service, den man Ihnen anbietet. Ganz besonders, wenn Sie in den Terminhandel einsteigen, ist es wichtig, dass Ihnen anfangs jemand zur Seite steht, der schon ein wenig Erfahrung bei der Abwicklung von Termingeschäften vorweisen kann.

Der Umgang mit Kursen und Limits

Die Preisnotierungen der Terminkontrakte entnehmen Sie entweder aus dem Internet, dem Börsen-TV oder einer großen Tages-/Finanzzeitung. Für jeden Terminkontrakt werden mehrere Preisspalten angegeben, die gewöhnlich in einer feststehenden Reihenfolge dargestellt sind: Eröffnungspreis, Höchst- und Tiefstkurs und zuletzt der Schlusskurs. Die Angaben zu den Zinsfutures werden oft noch durch die den Preisen entsprechende Rendite ergänzt. Häufig wird auch die Differenz des Schlusskurses zu dem des Vortages angegeben sowie die Zahl der offenen Kontrakte (vgl. Abb. 8.13).

Am 1. Februar eröffnete der März-Terminkontrakt des Euro-Bund-Futures bei 116,92 Punkten. Sein Höchstkurs betrug 116,98 Punkte, der tiefste Wert lag bei 115,95 Punkten. Der hier angegebene Schlusskurs ist auch der tatsächlich zuletzt gehandelte Kurs, denn der Settlement-Kurs wird gesondert ausgewiesen. Der Schlusskurs des Vortages lag bei 116,87 Punkten. Der Umsatz von 916.179 Kontrakten ist der geschätzte Umsatz des Handelstages.

Abb. 8.13

Beispiel-Notierung des Euro-Bund-Future

Euro-Bund-Future Eurex (sechs Prozent, 100.000 Euro, in Prozent, 8,5–10,5 Jahre)

1. Feb.	Eröff-nung	Tages-hoch	Tages-tief	Schluss-kurs	Settle-ment	Vortag	Umsatz	Offene Kontrakte
März	116,92	116,98	115,95	116,00	116,99	116,87	916.170	633.833
Juni	115,98	116,09	116,05	116,10	116,57	116,45	3.370	68.869
Sep.					116,54	116,46	1.840	2.525

Gesamtumsatz: 921.717 / Offene Kontrakte zur Eröffnung: 755.277

Der Gesamtumsatz ist in der Schlusszeile mit 921.717 Kontrakten angegeben. Die offenen Kontrakte lagen zuletzt bei 633.883, zur Eröffnung bei 705.277 Stück. Die Darstellung der Optionen auf den Euro-Bund-Future sehen Sie beispielhaft in Abbildung 8.14.

Der März-Call auf den Bund hatte am 1. Februar eine Prämie von 0,42 Euro. Der Höchstpreis notierte bei 0,52 Euro, der Tiefstpreis bei 0,42 Euro. Settlement-Preis war 0,43 Euro. Das Volumen lag bei 4.060 Kontrakten und es gab 42.741 offene Kontrakte.

Die Berechnung des Kurswertes

Anhand der von den Börsen festgelegten Kontrakt-Spezifikationen können sowohl die Kurswerte als auch die Kursänderungen verschiedener Kontrakte errechnet werden. Bleiben wir beim Euro-Bund-Future. Seine Notierung erfolgt als Prozentsatz vom Nominalwert.

Abb. 8.14

Kontrakt	Calls					
	Letzt-bezahlt	Tages-hoch	Tages-tief	Settlement	Volumen	Offene Kontrakte
03 116,00	0,42	0,52	0,42	0,43	4.060	42.741
04 116,00	0,57	0,59	0,57	0,55	763	4.465
05 116,00	0,70	0,70	0,70	0,72	43	43
06 115,50	1,18	1,18	1,18	1,11	960	7.070

Ein Tick, also die Mindestkursänderung, beträgt 0,01 Prozent und entspricht einem Gegenwert von zehn Euro. Steigt nun der Kurs von 115,08 Punkten auf 116,09 Punkte, dann

Abb. 8.15

Beispiel zur Berechnung des Kurswertes des DAX-Futures

Der DAX-März-Termin notiert bei Markteröffnung am 1. Februar bei 5.678 Punkten. Der Kontraktwert beträgt also 5.678 x 25 = 141.950 Euro. Ein Tick beträgt 0,5 Punkte, was einem Gegenwert von 12,50 Euro entspricht. Der Tageshöchstpreis lag an diesem Tag bei 5.712,50 Euro. Die Kursveränderung im Kontrakt betrug also (5.712,50 - 5.678) x 25 = 862, 50 Euro.

Puts					
Letzt-bezahlt	Tages-hoch	Tages tief	Settlement	Volumen	Offene Kontrakte
0,47	0,48	0,42	0,44	2.064	5.380
			0,98		2.349
			1,15		
1,04	1,04	1,02	1,04	2.155	9.834

– erhöht sich der Wert einer Long-Position um zehn Euro
– verringert sich der Wert einer Short-Position um zehn Euro.

Bei Index-Futures errechnet sich der Kontraktwert aus der Multiplikation des Futures-Kurses mit einem von der jeweiligen Börse festgelegten Index-Multiplikator (vgl. Abb. 8.15).

Wie Sie an diesen Beispielen sehen, ist die Bestimmung der Kurse an der Terminbörse relativ einfach. Mit ein wenig Übung werden Sie die Kurse bald genauso schnell und sicher beherrschen, wie die Preise für Ihren täglichen Einkauf.

An den Terminbörsen gibt es auch die Möglichkeit, Preislimits für einzelne Kontrakte festzulegen. Das bedeutet, dass während eines Handelstages der Handel nur innerhalb von Limitgrenzen getätigt werden darf. Für den US-T-Bond wurde beispielsweise ein Preislimit von drei Punkten festgelegt. Basis für die Berechnung der täglichen Handelsspanne ist der Abrechnungspreis des jeweiligen Vortages.

Wenn der T-Bond Future mit 95 5/32* abgerechnet würde, dann wäre die Untergrenze 92 5/32 und die Obergrenze 98 5/32. Sobald diese Grenzen erreicht werden, kann es dazu kommen, dass ein Handel nicht mehr stattfindet, weil andere Teilnehmer nur zu Preisen innerhalb dieser Grenzen abschließen möchten. Es kann auch vorkommen, dass an mehreren Tagen die Preise innerhalb dieser Grenzen unrealistisch sind und aus diesem Grund überhaupt kein Handel zustande kommt.

In der Praxis sehen die meisten Börsen aber eine Anpassung der Limits vor, sobald ein Markt an mehreren aufeinander folgenden Tagen in eine Richtung mit Limitbewegungen schließt. Die Praktiken einer solchen Anpassung sind von Börse zu Börse unterschiedlich und sehen eine Anhebung der Preisgrenzen um bis zu 150 Prozent, manchmal sogar bis 200 Prozent vor.

Preislimits haben sowohl Vor- als auch Nachteile. Die Vorteile liegen in der Tatsache, dass Terminmärkte sehr empfindlich sind und auf wichtige Meldungen in der Regel stärker reagieren als Kassamärkte. Ein Preislimit verhindert extreme Kursausschläge und gibt den Marktteilnehmern die Chance, eine neue Situation zu beobachten und ihre Trades zu überdenken. Der Nachteil eines Preislimits ist, dass eine Kursbewegung über das Limit hinaus längere Zeit anhalten kann. Dann ist es nicht möglich, bestehende Positionen zu liquidieren oder neue einzugehen. Lässt ein Wert eine sehr starke Volatilität erkennen, ist abzusehen, dass die Preislimits entsprechend abgeändert werden. Besonders bei Indizes ist dies häufig der Fall.

*Seit dem 28. August 2000 werden die Aktien an der New York Stock Exchange in Dezimalzahlen angegeben. Bis dahin war es üblich, den Preis einer Aktie in Brüchen anzugeben.

Abrechnung einer Position

Die Abrechnung Ihrer Position ist sicherlich die interessanteste Arbeit, die Sie während Ihrer Tradingtätigkeit zu erledigen haben, denn sie gibt Ihnen Auskunft über Erfolg oder Misserfolg und belegt schwarz auf weiß, ob Sie Geld verdient oder verloren haben. Sie erhalten von Ihrem Broker für jede Eröffnung oder Glattstellung eine Trade Confirmation, eine Handelsbestätigung also, die alle wesentlichen Daten enthält. Bei einer Glattstellung bekommen Sie mit der Trade Confirmation eine Abrechnung des glattgestellten Geschäfts, einen Kauf- und Verkaufsauszug. Dieser ist mit dem Kontoauszug eines Girokontos vergleichbar und führt die Geschäftsaktivitäten, Eröffnung und Glattstellung, Brokergebühren, Börsengebühr und das Nettoergebnis des Geschäfts auf. Zuerst wird gegen die Tagesgeschäfte, dann gegen die restlichen offenen Positionen der Vortage nach der Fifo-Methode (first in, first out) verrechnet. Bei der Fifo-Methode wird das Geschäft gegen die älteste offene Position glattgestellt. Gemäß diesem Verfahren werden immer die ältesten Transaktionen zuerst abgerechnet.

Heute ist es außerdem möglich, alle Bewegungen in Echtzeit im Internet zu verfolgen. Die Mehrzahl der Broker schickt Ihnen jedoch zusätzlich einen monatlichen Auszug mit allen Bewegungen Ihres Kontos zu. Dieser führt auch alle Ihre noch offenen Positionen auf und weist die nicht realisierten Gewinne und Verluste aus, die durch eine Bewertung der offenen Positionen zum Erstellungstag des Auszuges entstehen. Den Saldo Ihres Kontos, unter Einbeziehung der nicht realisierten Gewinne und Verluste, nennt man Equity, was mit Eigenkapital übersetzt werden kann.

Es versteht sich von selbst, dass Sie nicht auf den monatlichen Auszug warten, sondern Ihre Trades laufend abrechnen sollten. Die moderne Bürosoftware vereinfacht dies ganz erheblich. Allerdings kann der Computer auch nur das abrechnen, was vorher eingegeben worden ist. Sie sollten deshalb in der Lage sein, jederzeit – und sei es im Schlaf – eine Position abrechnen zu können. Wir haben anhand von Rechenbeispielen stets Abrechnungen vorgenommen. Im Folgenden rechnen wir noch einmal drei Beispiel-Trades ab (vgl. Abb. 8.15).

Sie sehen an diesen Beispielen, wie wichtig und gleichzeitig einfach es ist, jede Position für sich abzurechnen. Nur so sind Sie ständig auf dem Laufenden und haben einen Überblick über Ihre Positionen. Wie gesagt, man kann heute diese Rechnungen vom Computer vornehmen lassen und die Arbeit dadurch vereinfachen. Sie müssen aber trotzdem wissen, wie es geht.

Abb. 8.15

Beispiel 1:

Euro-Bund-Futre, Eurex, aktueller Kurs: 116,97 Euro. Wir gehen fünf Juni-Futures bei 116,65 Euro long und stellen bei 117,55 Euro glatt.

Berechnung des Wertes von fünf Kontrakten:

5 x 100.000 = 500.000 Euro

Berechnung der Kursveränderung:

117,55 - 116,65 = 0,90 Euro

Wie hoch ist ein Tick?

0,01 Prozent oder zehn Euro im Kontrakt ➤

Wie lautet das Ergebnis pro Kontrakt?
90 x 10 = 900 Euro

Wie errechnet sich das Gesamtergebnis?
5 x 900 = 4.500 Euro
Unsere Equity erhöht sich bei dieser Transaktion um 4.500 Euro.

Beispiel 2:
Rohöl-Futures (Crude Oil) an der New York Mercantile Exchange, aktueller Kurs: 27,74 US-Dollar. Wir gehen fünf Mai-Curde-Oil-Futures bei 27,20 US-Dollar short und stellen bei 26,65 US-Dollar glatt.

Berechnung des Wertes der Kontrakte:
(1.000 x 27,70) x 5 = 138.500 US-Dollar

Berechnung des Kursverfalls:
27,70 - 26,65 = 1,05 US-Dollar pro Barrel

Wie groß ist ein Tick?
Ein Cent pro Barrel oder zehn US-Dollar pro Kontrakt

Wie errechnet sich das Ergebnis pro Kontrakt?
1,05 x 1.000 = 1.050 US-Dollar

Wie hoch ist der Gesamtprofit?
1.050 x 5 = 5.250 US-Dollar
Unsere Equitiy erhöht sich durch diesen Trade um 5.250 US-Dollar. ➤

Beispiel 3:
380er-April-Call-Option auf 50 Aktien zu je 12,30 Euro

Wie lautet bei dieser Position der Break-even-Point?
(Der Einfachheit halber setzen wir bei dieser Position die Spesen mit fünf Euro an.)
380 + 12,30 + 5 = 397,30 Euro
Der Kurs der Aktien steigt zum Verfallstag auf 410 Euro.
Wir üben die Option aus.

Wie hoch ist der Profit pro Aktie?
410 - 380 - 12,30 - 5 = 12,70 Euro

Wie errechnet sich der Gesamtprofit der Position?
12,70 x 50 = 635 Euro

Der Auftrag und seine Details

Sobald Sie an der Börse Ihre ersten Geschäfte tätigen, werden Sie sehr schnell feststellen, dass die Abwicklung, speziell von Termingeschäften, ohne eine einheitliche Kurzsprache nicht möglich ist. Die Schnelligkeit und die Hektik dieser Märkte lassen ein langatmiges Arbeiten heute nicht mehr zu. Damit Sie Ihre Aufträge in kürzester Zeit über Ihren Broker ohne Fehler zur Börse übermitteln können, ist es von größter Bedeutung, dass Sie die verschiedenen Typen eines Auftrages kennen und auch richtig benutzen. Jeder Auftrag, den Sie Ihrem Broker erteilen, muss die folgenden Punkte enthalten:

– Spezifikation der Anweisung: Kauf oder Verkauf, Anzahl der Kontrakte, Erfüllungs- bzw. Liefer- oder Verfallsmonat, das Produkt

- die Bedingungen des Auftrages (Stopp, Limit, Spread)
- die Börse, an der der Auftrag platziert werden soll
- die Dauer (Wenn der Auftrag keine anders lautenden Anweisungen beinhaltet, gilt er jeweils nur für die Börsensitzung, vor oder in der er erteilt wird, und verliert unmittelbar seine Gültigkeit. Wenn eine längere Gültigkeit gewünscht wird, muss dies ausdrücklich vermerkt werden.)
- den vollen Namen des Auftraggebers
- die Kontonummer
- Datum und Uhrzeit des Auftragseingangs sowie der Weitergabe zur Ausführung an die Börse
- eventuell interne Hausvermerke

Wie besprochen erteilen Sie Ihrem Broker eine Order. Um Ihre strategischen Ziele zu erreichen, stehen Ihnen eine Reihe von Spezifikationsmöglichkeiten zur Verfügung, die wir uns im Folgenden genauer ansehen werden. Wichtig dabei ist wiederum, dass Sie sich über all diese Möglichkeiten im Klaren sind und sie aus dem Effeff kennen. Nur so lassen sich Missverständnisse im Börsenalltag, die fatale Folgen haben können, von vornherein vermeiden.

Billigst- oder Bestensauftrag (Market Order, MKT)

Der Billigst- oder Bestensauftrag wird vom Parkettmakler des Brokers unmittelbar nach Eingang zum bestmöglichen Preis ausgeführt. „Bestmöglich" bedeutet für Sie, dass Sie – je nachdem ob Kauf oder Verkauf – zum billigsten angebotenen Kurs kaufen respektive zum teuersten angebotenen Kurs verkaufen. Die Market Order wird vor allem in Situationen benutzt, in denen eine Transaktion so schnell wie möglich erfolgen soll (vgl. Abb. 8.16).

Abb. 8.16

Beispiel: Billigstauftrag
„Kaufe zehn Mai-Euro-Bund-Futures an der Eurex billigst!"

Limitauftrag

Ein Limitauftrag für einen Kauf wird zu einem bestimmten Kurs oder tiefer, ein Limitauftrag für einen Verkauf zu einem bestimmten Kurs oder höher ausgeführt. In sehr volatilen Märkten ist es ratsam, sich des „Tampon-Zusatzes" (Or better = O.B.) zu bedienen, damit die Order nicht mit einer anderen Auftragsart verwechselt wird (vgl. Abb. 8.17).

Abb. 8.17

Beispiel: Limitauftrag
„Kaufe zehn Mai-Euro-Bund-Futures an der Eurex zu 109,80 Euro O.B!"

Der aktuelle Kurs lautet 109,80 Euro. Fällt der Kurs auf 109,70 Euro, müsste Ihr Broker zuschlagen. Wenn sich jedoch ein deutlicher Kursverfall abzeichnet, wird er warten und erst später, beispielsweise bei 109,50 Euro kaufen – wenn es sich um einen seriösen und guten Broker handelt!

Stoppauftrag (Stop Order)

Der Stoppauftrag ist im Terminhandel besonders wichtig. Ein Stoppauftrag zum Kauf (Buy Stop Order) wird jeweils über den aktuellen Kurs gesetzt. Er wird automatisch zu einem Billigstauftrag, wenn der Terminkontrakt zum Stoppreis oder darüber gehandelt wird (vgl. Abb. 8.18).

Abb. 8.18

Beispiel: Stopp-Kaufauftrag (Buy Stop Order)

Der aktuelle Kurs des Bund-Future lautet 109,50 Euro.

„Kaufe zehn Mai-Euro-Bund-Futures an der Eurex zu 109,60 Euro, Stopp!"

Ihr Broker würde also bis zu einem Kurs von 109,60 kaufen dürfen. Überschreitet der Kurs diese Grenze, wird Ihr Auftrag zum Billigstauftrag. Ein Stoppauftrag zum Verkauf (Sell Stop Order) wird unter den aktuellen Kurs gesetzt und automatisch zum Bestensauftrag, sobald der Kurs des Terminkontraktes den Stopp-Peis erreicht hat oder diesen unterschreitet (vgl. Abb. 8.19).

Bis zu einem Preis von 109,40 darf Ihr Broker verkaufen. Fällt der Preis unter 109,40, wird Ihr Auftrag zum Bestensauftrag.

Sell Stop Orders werden teilweise zur Verlustbegrenzung bei Long-Positionen, Buy Stop Orders bei Short-Positionen eingesetzt. Immer wenn ein Stoppauftrag zu einer Verlustbegrenzung herangezogen wird, spricht man auch von einer Stop Loss Order.

Abb. 8.19

Beispiel: Stopp-Verkaufsauftrag (Sell Stop Order)

„Verkaufe zehn Mai-Bund-Futures zu 109,40 Euro, Stopp!"

Wie wir bei den Ausführungen zum Tradingsystem bereits besprochen haben, sind Stoppaufträge natürlich keine Garantie zur Vermeidung von Verlusten, denn sie werden möglicherweise gar nicht oder zu einem weitaus schlechteren als dem Stoppkurs ausgeführt. Aber sie können und sollten je nach Marktlage geändert und dem Markt in der Absicht angepasst werden, Positionen im Gewinnbereich möglichst gut abzusichern oder auch neue Positionen zu eröffnen (vgl. Abb. 8.20).

Abb. 8.20

Beispiel: Stopp-Limit-Auftrag (Stop Limit Order)

Der aktuelle Kurs des Bund-Futures liegt bei 119,20 Euro.

„Kaufe zehn Mai-Euro-Bund-Futures an der Eurex zu 119,60 Euro, Stopp-Limit!"

In diesem Fall darf Ihr Broker den Auftrag ausführen. Steigt der Kurs aber über 119,60 Euro, dann darf er nicht kaufen. Wenn Sie das Risiko überschaubar halten wollen, empfehle ich Ihnen, Stop Orders anstelle von Stop Limit Orders zu erteilen. Bei schnellen Märkten droht sonst die Gefahr, dass der Preis nicht mehr auf oder unter das Kauf-Stopp-Limit fällt und der Auftrag nicht ausgeführt werden kann. Bei Verkauf-Stopp-Limits droht die Gefahr, dass er nicht mehr auf oder über den Stopp-Preis ansteigt. In diesem Fall sind Sie mit reinen Stoppaufträgen besser bedient und gehen ein geringeres Risiko ein.

Market-if-Touched-Auftrag (MIT)

Der Market-if-Touched-Auftrag ist dem Stopp- und dem Stopp-Limit-Auftrag sehr ähnlich. Er wird ausgeführt, sobald der gesetzte Limitpreis gehandelt wird. In diesem Moment wird der Auftrag zu einem Billigst- oder Bestensauftrag (Market Order). Ein Long-MIT wird unter dem aktuellen Marktpreis platziert und ein Short-MIT darüber. Der Sinn dieser Auftragsart besteht darin, die Ausführung Ihrer Order in der Nähe des Limitpreises sicherzustellen (vgl. Abb. 8.21).

Liegt der aktuelle Kurs bei 119,35 Euro, dann kauft Ihr Broker erst, wenn das gesetzte Limit erreicht ist.

Abb. 8.21

Beispiel: MIT-Auftrag

„Kaufe zehn Mai-Euro-Bund-Futures an der Eurex zu 119,20 Euro, MIT!"

Ermessensauftrag (Interesse wahrender Auftrag)

Mit Erteilung eines Ermessensauftrags geben Sie Ihrem Broker einen Ermessensspielraum bei der Ausführung Ihres Auftrages. Dieser wird nicht auf ein bestimmtes Limit begrenzt, sondern lässt dem Broker einen gewissen Freiraum. Manche Brokerhäuser haben selbst Toleranzgrenzen festgelegt, die Ober- und Untergrenzen spezifizieren, zwischen denen ein Auftrag ausgeführt werden darf (vgl. Abb. 8.22).

Abb. 8.22

Beispiel: Ermessensauftrag

„Verkaufe zehn Mai-Euro-Bund-Futures an der Eurex, Interesse wahrend, zu 118,60 Euro!"

Diese Order ist ein Ermessensauftrag, der dem Broker weitgehend freie Hand lässt. Im Gegensatz zu einer strikten Bindung an einen Limitpreis darf der Auftrag aber nur dann ausgeführt werden, wenn der entsprechende Preis auch gehandelt wird. Darunter gilt eine Toleranzzone, die noch näher spezifiziert werden kann (vgl. Abb. 8.23).

Abb. 8.23

Beispiel: Ermessensauftrag

„Verkaufe zehn Mai-Euro-Bund-Futures an der Eurex zu 118,60 Euro, Interesse wahrend mit Ermessen von zehn Ticks!"

Auftrag ohne Obligo

Mit diesem Auftrag, den man auch als Not Held Order (NH) bezeichnet, geben Sie Ihrem Broker ebenfalls einen Ermessensspielraum (vgl. Abb. 8.24). Diese Order muss als Limitauftrag ausgeführt werden, sobald der Euro-Bund zu 118,90 Euro oder darüber gehandelt wird. Ist Ihr Broker der Meinung, dass die Kurse noch über 118,90 Euro hinaus steigen, muss er nicht gleich kaufen, sondern kann nach seinem Ermessen abwarten und erst später kaufen. Sollte diese „Spekulation" des Brokers misslingen, könnten Sie ihn dafür zur Verantwortung ziehen. Arbeiten Sie mit diesem Auftrag, oder dem Ermessensauftrag aber nur dann, wenn Sie Ihren Broker gut kennen und ihn auf sein Marktgespür und Können hin getestet haben.

Basisauftrag (Contingent Order)

Der Basisauftrag wird erteilt, wenn Sie ganz bestimmte Preisverhältnisse ausnutzen möchten. Sie machen damit den Kauf oder Ver-

Abb. 8.24

Beispiel: Auftrag ohne Obligo

„Verkaufe zehn Mai-Euro-Bund-Futures an der Eurex zu 118,90 Euro, NH!"

kauf eines bestimmten Produkts von der Kursentwicklung eines anderen abhängig (vgl. Abb. 8.25).

Abb. 8.25

Beispiel: Basisauftrag

„Wenn der Mai-Euro-Bund-Future über 118,90 Euro steigt, kaufe zehn Mai-Calls mit Basispreis 119 Euro billigst an der Eurex (MKT)!"

„Wenn der DAX über 6.500 Punkte steigt, kaufe zehn DAX-Futures an der Eurex billigst (MKT)!"

Stornoauftrag (Straight Cancel Order, CXL)

Wie der Name bereits vermuten lässt, wird der Stornoauftrag immer dann benutzt, wenn ein Auftrag storniert werden soll. Das ist natürlich nur möglich, wenn er noch nicht ausgeführt wurde. Um Verwechslungen zu vermeiden, ist es wichtig, dass Sie die zu stornierende Order genauestens spezifizieren (vgl. Abb. 8.26).

Der Auftrag mit Streichung eines früheren Auftrages (Cancel Former Order, CFO)

Dieser Auftrag ähnelt dem Stornoauftrag, mit dem Unterschied, dass mit ihm der zu stornierende Auftrag durch einen neuen ersetzt

Abb. 8.26

Beispiel: Stornoauftrag
„Storniere folgende Order (CXL) long zehn Mai-Euro-Bund-Futures an der Eurex zu 118,20 Euro!"

wird. Wichtig ist auch hier, dass der zu stornierende Auftrag genauestens spezifiziert wird (vgl. Abb. 8.27).

Abb. 8.27

Beispiel: Cancel Former Order
„Kaufe zehn Mai-Euro-Bund-Futures an der Eurex zu 118,40 Euro und streiche Order long zehn Mai-Euro-Bund-Futures an der Eurex zu 117,90 Euro!"

Wenn Ihr Broker diesen Auftrag ausführt, dann ersetzt er den Auftrag für den Bund-Future zu 117,90 Euro durch den neuen zu 118,40 Euro.

One Cancels the Other Order (OCO)

Durch den Einsatz dieser Auftragsart halten Sie sich eine oder mehrere Alternativen offen. Wird eine Alternative ausgeführt, wird die andere automatisch gestrichen. Diese Auftragsart beruht auf dem Prinzip der Entweder-oder-Ausführung.

In diesem Beispiel wollen Sie zehn Mai-Bund-Futures-Kontrakte zu 118,90 Euro verkaufen, wenn der Kurs ansteigt, oder zu 118,50 Euro verkaufen, wenn der Kurs fällt (vgl. Abb. 8.28).

Abb. 8.28

Beispiel: One Cancels the Other Order

Aktueller Kurs des Bund-Futures: 118,70 Euro „Verkaufe zehn Mai-Euro-Bund-Futures an der Eurex zu 118,90 Euro oder zu 118,50 Euro, Stopp!"

Staffelauftrag

Den Staffelauftrag gibt man in der Regel nur dann ab, wenn Großaufträge in den Markt kommen sollen und man aus diesem Grund größere Kursreaktionen tunlichst vermeiden will (vgl. Abb. 8.29).

Abb. 8.29

Beispiel: Staffelauftrag

„Kaufe zehn Mai-Euro-Bund-Futures an der Eurex billigst und zusätzlich je fünf bei jeweils fünf Basispunkten tiefer, insgesamt 30!"

Spread-Auftrag (Spread Order)

Wir haben bereits ausführlich über den Einsatz von Spreads gesprochen. Generell unterscheidet man zwischen einem Intra-Börsen-Spread, einem Spread also, der an ein und derselben Börse durchgeführt wird, und einem Inter-Börsen-Spread, den man an verschiedenen Börsen durchführt (vgl. Abb. 8.30).

Mit dieser Order lösen Sie einen Inter-Börsen-Spread aus und versuchen, die Kursunterschiede eines Kontraktes an zwei verschiedenen Börsen auszunutzen. Die Kauf- und Verkaufsorder erteilen

Abb. 8.30

Beispiel: Spread-Auftrag

„Spread: Kaufe zehn Mai-Euro-Bund-Futures an der Eurex und verkaufe zehn Mai-Euro-Bund-Futures an der LIFFE fünf Ticks höher!"

Sie normalerweise Ihrem Hausbroker, der seinerseits Kontakt zu einem Broker an der anderen Börse aufnimmt und den Auftrag dorthin übermittelt. Bei Spread-Aufträgen muss die Bezeichnung „Spread" immer an den Anfang gestellt werden, damit er sich von anderen Aufträgen deutlich unterscheidet. Wie bei allen Spreads ist es auch hier üblich, stets mit der Long-Seite zu beginnen. Wie jeden anderen Auftrag können Sie auch Ihren Spread-Auftrag billigst/bestens oder mit Limit versehen.

Switch-Auftrag (Switch Order)

Sie tauschen einen früheren Terminkontrakt gegen den nächstfolgenden aus. Auf den ersten Blick ist zwar kein Unterschied zum Spread-Auftrag zu erkennen, aber der Switch-Auftrag unterscheidet sich dennoch gravierend. Sie müssen nämlich für den Switch eine volle Gebühr für die Eröffnung bzw. Glattstellung entrichten und die Margin voll bezahlen bzw. hinterlegen. Aus diesem Grund müssen Sie den Switch-Auftrag auch deutlich als solchen ausweisen (vgl. Abb. 8.31).

Befristete Auftragsarten

Alle bis hierher gezeigten Beispiele bezogen sich hinsichtlich der Gültigkeitsdauer auf einen Handelstag, wohingegen für die im Fol-

Abb. 8.31

Beispiel: Switch-Auftrag

„Switch: Kaufe zehn Mai-Euro-Bund-Futures an der Eurex und verkaufe zehn September-Euro-Bund-Futures mit Mai fünf Ticks höher!"

genden genannten Aufträge bestimmte Fristen gesetzt werden. Neben den Wochen-, Monats- und Datumsaufträgen, gültig bis Wochenende, Monatsende (Ultimo) oder bis zum angegebenen Datum, gibt es noch die Tageszeitorder (z. B. Eröffnungsorder oder Schlussorder), welche bis zu oder ab einem bestimmten Zeitpunkt oder während einer bestimmten Zeitspanne an einem bestimmten Tag gültig ist.

Offener Auftrag, gültig bis Widerruf (Open Order/Good Till Cancelled oder GTC-Order)

Dieser Auftrag gilt so lange, bis er widerrufen wird. Liegt kein Widerruf vor, so erlischt er automatisch dann, wenn zum Beispiel der Termin nicht mehr gehandelt wird, also am letzten Handelstag. Wenn der Auftrag keine besondere Anweisung enthält, handelt es sich um einen gewöhnlichen Tagesauftrag (vgl. Abb. 8.32).

Abb. 8.32

Beispiel: Offener Auftrag

„Kaufe zehn Mai Euro-Bund-Futures an der Eurex zu 118,20 Euro, gültig bis auf Widerruf!"

Abb. 8.33

Beispiel: Auftrag gültig bis Widerruf

„Verkaufe 20 Mai-Euro-Bund-Futures an der Eurex zu 117,50 Euro, gültig bis zum Ende der Woche (GTW)!"

Der Auftrag (gültig bis Widerruf; vgl. Abb. 8.33) kann noch dahingehend spezifiziert werden, dass die Gültigkeit mit einer Datumsangabe bestimmt wird. Welches Datum Sie einsetzen, bleibt dabei Ihnen überlassen. Die am häufigsten verwendeten Zeitangaben sind:

– bis zum Ende der Woche (Good Till Week, GTW)
– bis zum Ende des Monats (Good Till Month, GTM)

Schlusskursauftrag oder Auftrag billigst/bestens zum Börsenschluss (Closing Only Order/Market on Close Order, MKT CLS)

Ihr Broker darf diesen Auftrag nur während der offiziellen Schlussphase des Börsentages, an dem der Auftrag abgegeben wird, ausführen. Der Ausführungspreis ist als Market Order während dieser Schlussphase zu betrachten. Er ist aber nicht unbedingt mit dem Kurs identisch, der für das letzte Geschäft des Börsentages festgesetzt wird. Anstelle einer Market Order kann auch hier zusätzlich ein Limit vorgegeben werden (vgl. Abb. 8.34).

Auftrag zur Sofortausführung (Fill or Kill Order, FOK)

Dieser Auftrag hat eine Selbstzerstörungsfunktion. Kann er nicht in vollem Umfang und unverzüglich ausgeführt werden, erlischt er. Eine Teilausführung ist an europäischen Börsen nicht

Abb. 8.34

Beispiel: Schlusskursauftrag

„Kaufe zehn Mai-Euro-Bund-Futures billigst nur zum Börsenschluss, MKT CLS!"

möglich. In den USA hingegen wird diese Order am Futures-Markt auch so verstanden, dass sie teilweise ausgeführt werden darf (vgl. Abb. 8.35).

Abb. 8.35

Beispiel: Auftrag zur Sofortausführung

„Verkaufe zehn Mai-Euro-Bund-Futures zu 118,20 Euro, FOK!"

Immediate or Cancel (IOC)

Hier muss der Auftrag ebenfalls unverzüglich ausgeführt werden und ein eventuell verbleibender Teilauftrag wird gelöscht. Bei IOC-Aufträgen sind auch Teilausführungen möglich (vgl. Abb. 8.36).

Abb. 8.36

Beispiel: IOC-Auftrag

„Kaufe zehn Mai-Euro-Bund-Futures an der Eurex zu 118,90 Euro, IOC!"

Zu den vorgenannten verschiedenen Auftragsarten muss ich hinzufügen, dass sie nicht alle und an jeder Börse geläufig sind und akzeptiert werden. An der Eurex aber kennt man sie alle. Um Missverständnissen vorzubeugen, sollten Sie sich in jedem Fall von Ihrem Broker informieren lassen, welcher Auftrag wo angenommen wird.

Tipps, die Sie vor Verlusten schützen

Bis zu diesem Zeitpunkt haben Sie nun fast alles an Grundlagen der Termingeschäfte erfahren, was Sie brauchen, um erfolgreich in dieses faszinierende Metier der Geldanlage einsteigen zu können. Dieses Kapitel enthält nur noch ein paar kleine Tipps, die ich Ihnen mit auf den Weg geben möchte und die Sie vor allzu großen Verlusten am Anfang bewahren sollen. Im Verlauf dieses Buches habe ich öfters einen Vergleich zwischen Tradern und Sportlern angestellt. Das hat auch seinen guten Grund, denn ich bin selbst aktiver Sportler und Trader und weiß aus Erfahrung, dass es in diesen beiden Bereichen sehr viele Parallelen gibt. Vergleichen Sie diese Grundausbildung zum Terminmarkt-Trader mit der Basisausbildung eines Kampfsportlers. Sie kennen die Schlag- und Abwehrtechniken sowie die Grundsätze einer erfolgreichen Beinarbeit. Kurzum: Sie wissen, wie man kämpft! Nun ist es an der Zeit, dieses Wissen auch in die Praxis umzusetzen. Ein Kampfsportler wird nach der Grundlagenarbeit damit beginnen, das Gelernte im Kampf mit einem imaginären Gegner zu erproben und später im Sparring mit einem Gegner abgesprochene Aktionen durchgehen. Erst wenn das alles gemacht wurde und wirklich jede Technik zum Reflex geworden ist, wagt man sich in einen echten Kampf. Viele Trader können es kaum erwarten, in das reale Geschäft einzusteigen und verzichten auf das so notwendige „Sparring". Dann darf man sich nicht wundern, wenn man sich eine „blutige Nase" holt.

Simulated Trading – das Sparring für Trader

Den Kampf mit einem imaginären Gegner und das Sparring kann der angehende Trader im sogenannten Simulated Trading zusammenfassen. Simulated Trading heißt imaginäres Handeln von Positionen unter realen Bedingungen auf dem Papier, jedoch ohne dabei effektiv Geld einzusetzen. Simulated Trading ist keinesfalls Zeitverschwendung. Im Gegenteil! Es wird Ihnen helfen, einen Tradingplan zu entwerfen und Erfahrungen zu sammeln. Das Simulated Trading ist ein wichtiger Eckpfeiler der Ausbildung zum Commodity Trading Advisor (CTA) in den USA. Ich selbst habe in meiner Ausbildung ein halbes Jahr lang Tag für Tag auf dem Papier gehandelt, Tradingsysteme entworfen, sie getestet und bin unzählige Positionen eingegangen, bevor ich mit echtem Geld in den Markt einsteigen durfte. Mit Simulated Trading werden auch Sie das bestimmte und so überaus wichtige Gespür für den Markt entwickeln, das Sie brauchen, um erfolgreich zu sein. Und das, wie gesagt, ohne dabei ein finanzielles Risiko einzugehen.

Sie können Simulated Trading entweder auf dem Computer durchführen oder ganz herkömmlich auf dem Papier. Fertigen Sie sich dazu ein Arbeitsformular an, das aussehen könnte wie in Abbildung 9.1 dargestellt.

Wenn Sie das konsequent durchführen, dann werden Sie sich ein Know-how aneignen, für das Sie später, wenn es wirklich ums große Geld geht, dankbar sein werden.

Die folgenden fünf Schritte sind die wichtigsten für ein effektives Simulated Trading. Sie können gerne noch den einen oder anderen Punkt, der Ihnen persönlich ebenfalls wichtig erscheint, hinzufügen:

1. Notieren Sie alle Eröffnungs- und Schlusskurse.
2. Ziehen Sie bei jeder Position die Kosten und Gebühren ab, die Sie effektiv an der Börse bezahlen müssten. Erkundigen Sie sich bei Ihrer Bank oder Ihrem Broker nach diesen Gebühren.
3. Benutzen Sie die offiziellen Eröffnungs- und Schlusskurse, die Sie Ihrer Tageszeitung oder aus dem Internet entnehmen können.

Abb. 9.1

Trade/Position Nummer:

Trading-Instrument/ belegter Markt	Eröffnungs-preis	Eröffnungs-datum	Liquiditations-preis	Liquiditations-datum

Tradingstrategie:

Nachfolgende Indikatoren liegen dieser Position zugrunde:

1. ______________________

____

2. ______________________

____

3. ______________________

____

Stoppmarke: ______________

Gewinnziel: ______________

	Gewinn	Verlust
Ergebnis:		

Tradingstrategie:

Nachfolgende Indikatoren liegen dieser Position zugrunde:

1. Wurde die Position im Rahmen des Tradingplans eingegangen?

____

2. Welche Haupthintergründe sind für das Ergebnis verantwortlich?

____

3. Welche Erfahrungen kann ich aus dieser Position ziehen?

____

4. Notieren Sie alle Kriterien und Indikatoren für jeden Trade, bevor Sie ihn durchführen. Halten Sie diesen Teil aber kurz und knapp. Seitenlange Bulletins sind nicht nötig!
5. Halten Sie Ihre Einschätzung über den jeweiligen Trade am Tage der Eröffnung und am Tag der Glattstellung fest und natürlich auch die Bewertung des Ausgangs. Überprüfen Sie stets, ob Sie Ihren Plan auch eingehalten haben, ob Ihr System erfolgreich ist und – ob Sie Profit machen!

Folgen Sie diesen Richtlinien, bis Sie ein Gefühl für den Markt entwickelt haben. Wie ich schon sagte, es gibt viele unterschiedliche Möglichkeiten, Tradingstrategien, Märkte, Techniken und Produkte im Terminmarkt. Üben Sie so lange, bis Ihnen Ihre innere Stimme den Weg zeigt, auf dem Sie erfolgreich sind. Selbstverständlich bietet Ihnen Simulated Trading auch eine hervorragende Möglichkeit, Ihre Eignung für die unterschiedlichen Märkte zu testen. Probieren Sie ruhig alles aus! Handeln Sie Aktien-, Zins- und Warenmärkte! Sie werden bald feststellen, was Ihnen am besten liegt. Hören Sie dabei auf Ihre innere Stimme, denn die belügt Sie am wenigsten. Vertiefen Sie das, womit Sie am erfolgreichsten sind. Am allerbesten lässt sich mittels Simulated Trading aber Ihre Fähigkeit der Analyse testen. Sie ist das Basisinstrument jedes Handelns an der Börse. Lernen Sie aus Ihren Fehlern beim Analysieren, die jeder am Anfang macht. Testen Sie verschiedene Indikatoren auf Erfolg und Sie werden auch dieses spezielle und komplexe Fachgebiet bald perfekt beherrschen. Steigen Sie erst dann effektiv mit Geld in den Markt ein, wenn Sie im Simulated Trading kontinuierlich Profit machen.

Wenn Sie diese Richtlinien befolgen, dann haben Sie bereits den ersten großen Schritt in Richtung Erfolg getan und das Risiko der

„mangelnden Erfahrung“ so gut wie ausgeschaltet. Wenn Sie die „Sparringphase“ mit Simulated Trading erfolgreich absolviert haben und fit für den rauen Alltag der Börse sind, dann können Sie es wagen, mit einem wohlkalkulierten Kapitaleinsatz Ihre ersten Positionen zu eröffnen. Aber Sie sollten noch immer vorsichtig sein, keine allzu großen Risiken eingehen und Strategien bzw. Produkte auswählen, die eher auf der sicheren Seite liegen.

Beschränken Sie Ihr Risiko durch Optionen

Optionen haben im Terminhandel den Futures gegenüber einen entscheidenden Vorteil: das begrenzte Risiko. Wenn Sie eine Futures-Position eingehen, dann wird eine Margin gefordert. Sie ist zwar verhältnismäßig gering und beträgt um die fünf Prozent des Kontraktwertes, aber es kann sehr schnell zu einer Nachschusspflicht kommen, sofern sich der Markt nicht so entwickelt wie geplant. Wenn ein Markt dann auch noch besonders schnell ist, kann es durchaus vorkommen, dass Sie wesentlich mehr verlieren als Ihre ursprüngliche Margin. Das gilt vor allem dann, wenn Sie noch wenig Erfahrung mit dem Einsatz von Stoppmarken haben. Setzen Sie hingegen Optionen ein, dann bezahlen Sie nur die Optionsprämie, die Sie im schlimmsten Fall verlieren. Mehr nicht! Wenn Sie richtig liegen und sich der Markt auch in die gewünschte Richtung bewegt, haben Sie mit der Option aber auch uneingeschränkte Profitmöglichkeiten.

Optionen können Sie praktisch in jedem Terminmarkt einsetzen – auch im Warenterminhandel und mittlerweile sogar im Devisenhandel, was viele nicht wissen. Sehen wir uns das einmal in einem Beispiel an (vgl. Abb. 9.2).

In diesem Beispiel würden Sie mit dem Future zwar einen höheren Profit erwirtschaften, weil Sie ja die Kosten der Option nicht

Abb. 9.2

Trading im Goldmarkt

Sie möchten auf einen steigenden Goldpreis spekulieren und haben dafür zwei Möglichkeiten: Entweder Sie kaufen einen Terminkontrakt (Gold-Future) oder Sie erwerben die Option auf diesen Kontrakt. Es ergeben sich also zwei Szenarien:

1. Sie gehen long und kaufen den Gold-Future bei einem Preis von 300 US-Dollar pro Unze. Als Initial Margin sind 2.000 US-Dollar zu hinterlegen. Der Markt bewegt sich nah oben und der Preis steigt auf 400 US-Dollar. Ihr Profit: (100 x 100) = 10.000 US-Dollar

2. Sie gehen long und kaufen einen Call auf den Gold-Future mit Basispreis 300 US-Dollar. Die zu zahlende Optionsprämie beträgt 3.000 US-Dollar (30 x 100).
Ihr Profit: (400 - 300) x 100 - 3.000 (Prämie) = 7.000 US-Dollar

tragen müssen. Anders sieht es aber aus, wenn der Goldpreis nicht steigt, sondern fällt. Beispielsweise auf 250 US-Dollar. Mit dem Future machen Sie einen Verlust von 5.000 US-Dollar (50 US-Dollar x 100 Unzen), Ihre Position läuft ins Minus und Sie müssten nachschießen, wenn Sie nicht vorher einen Stopp platziert haben. Hier zeigt sich der Vorteil der Option deutlich: Wenn der Preis fällt und der Markt nach unten geht, üben Sie die Option einfach nicht aus und Ihr Verlust bleibt auf die Prämie von 3.000 US-Dollar begrenzt. Das sind 2.000 US-Dollar weniger als in der Futures-Position.

Der zweite Vorteil einer Optionsposition ist die sogenannte Staying Power. Mit der Futures-Position wären Sie womöglich gezwungen glattzustellen. Mit der Option hingegen haben Sie auch Zeit gekauft; die Zeit bis zum Verfallsdatum Ihrer Option, während der Sie gegenläufige Marktbewegungen aussitzen und eine eventuell folgende Kehrtwendung des Marktes abwarten können. Das reduziert die dringende Notwendigkeit, Ihre Positionen ständig zu beobachten, die richtigen Stoppmarken zu setzen und reduziert ganz allgemein den Stress des Terminhandels ganz beträchtlich (vgl. Abb. 9.3).

Abb. 9.3

Optionen bieten dasselbe unbegrenzte Profitpotenzial wie Futures-Positionen. Sie haben jedoch den entscheidenden Vorteil des auf die Optionsprämie begrenzten Verlustrisikos und der größeren Staying Power.

Vor allem zu Beginn Ihrer Tradingtätigkeit sollten Sie deshalb bevorzugt Optionen einsetzen.

Nicht dass Sie jetzt meinen, Optionen wären langweilig, nur weil das Risiko nicht so groß ist wie bei den Futures. Sie können mit Optionen genauso aggressiv am Markt agieren wie mit Futures. Hierzu möchte ich Ihnen eine meiner Lieblingsstrategien vorstellen.

Die Lucky-Punch-Strategie

Der Lucky Punch ist ein Bezeichnung für einen Treffer beim Boxen. Dieser einzige, aber ultimative Treffer schickt einen Gegner auf die Bretter, wo er dann meistens auch liegen bleibt. Wie bei einem Boxkampf gibt es auch beim Handel mit Optionen solche ultimativen Volltreffer, die Ihre finanzielle Situation vollkommen verändern können. Das sind Trades mit riesigen Profiten, teilweise mehr als 300 oder 400 Prozent in wenigen Wochen. Doch wie der Lucky Punch beim Boxen sind solche Trades leider nicht alltäglich. Sie sind selten, aber sie sind möglich und versetzen Trader immer wieder in die Lage, ihr Kapital in kürzester Zeit zu vervielfachen. Und noch etwas hat diese Strategie mit dem Boxen gemeinsam: Sie ist riskant! Setzen Sie dabei also keinesfalls Ihr gesamtes Kapital ein und halten Sie sich streng an Ihr Money Management.

Kaufen Sie Optionen, die im Verhältnis zur erwarteten Kursbewegung einen prozentual höheren Gewinn abwerfen. Kaufen Sie keine, die schon weit aus dem Geld sind. Für die meisten erwarteten Kursbewegungen des zugrunde liegenden Basiswertes weisen sie typischerweise einen sehr geringen Hebel auf. Der Gewinn aus der Option im Vergleich zum Gewinn aus der erwarteten Kursbewegung des Basiswertes ist nicht hoch genug, um das zusätzliche Risiko zu kompensieren, dass eine solche Option mit niedrigem Delta wertlos verfällt. Der Delta-Faktor gibt über die Höhe des Kursänderungspotenzials von Optionen Auskunft.

Streben Sie stets Gewinne durch realisierte Kursbewegungen der zugrunde liegenden Basiswerte an, anstatt auf unwahrscheinliche Bewegungen zu setzen. Wenn Sie einen Call kaufen und der zugrunde liegende Basiswert um zehn Prozent, Ihre Option jedoch um 30 Prozent steigt, beträgt der Hebel lediglich 3 zu 1. Optionen sind aber deshalb riskant, weil sie an Zeit und Wert verlieren. Deshalb muss die Bewegung der Option im Verhältnis zur Bewegung des Basiswertes größer sein, um einen solchen Trade zu rechtfertigen.

Optionen, die bei einer realistischen Kursbewegung des Basiswertes einen Hebel von mindestens 5 zu 1 oder besser noch darüber aufweisen, sind das Risiko jedoch wert.

Welche Optionen sind geeignet?

Zwei Typen mit Restlaufzeiten von einem bis zwei Monaten sind für eine aggressive Strategie, wie den Lucky Punch, am sinnvollsten:

1. Der erste Typ ist eine Option, die leicht aus dem Geld notiert. Das setzt eine möglichst genaue Prognose einer starken Kursbewegung des Basiswertes und ein exaktes Timing voraus. Wenn Ihnen das gelingt, haben Sie die Voraussetzungen für einen Lucky Punch bereits geschaffen. Beide Bedingungen, die möglichst genaue Prognose des Basiswert-Kurses und exaktes Timing, müssen erfüllt sein. Sonst besteht die Gefahr, dass Sie einen Totalverlust erleiden.
2. Der zweite Optionstyp ist eine billige Option, die am Geld oder im Geld notiert. Dazu suchen Sie am besten Basiswerte aus, die sich in einem engen, aber eindeutigen Aufwärtstrend befinden. Ist der Trendkanal eng, der Basiswert also nicht sehr volatil, dann sind auch die Optionsprämien ziemlich gering. Eine weitere Möglichkeit besteht darin, billige Optionen auf Trendwerte zu kaufen, wenn die Optionen am Geld sind und eine Restlaufzeit von zwei bis vier Monaten aufweisen. Hier wäre ein angestrebter Profit von 300 Prozent durchaus angemessen. Mit einem solchen Kauf spekulieren Sie darauf, dass der Trend sich fortsetzt und die Volatilität sowohl des Basiswertes selbst als auch der Option erheblich steigen, da die Börse den Trend erkannt hat und die Masse der Anleger auf den Zug aufspringen will. Obwohl eine steigende Volatilität des Basiswertes ein Ende des Trends signalisieren

könnte, ist es trotz allem möglich, dass Sie vom rasanten Anstieg profitieren. Die Optionsprämie steigt nämlich dank des doppelt positiven Einflusses eines anziehenden Kassakurses des Basiswertes und einer ebenfalls ansteigenden Impliziten Volatilität.

Es besteht auch die Möglichkeit, das Risiko in einer bestehenden Position beträchtlich zu reduzieren und trotzdem die Gewinne laufen zu lassen. Das ist vor allem bei solch aggressiven Strategien zu

Abb. 9.4

Beispiel für einen Lucky Punch

Sie kaufen zehn Aktienoptionen zu drei Euro mit der Absicht, 400 Prozent Profit zu machen. Ihr Einsatz beträgt dabei 1.500 Euro (10 x 3 x 50). Gebühren werden der Einfachheit halber ignoriert.

Die Aktie steigt wie erhofft und Sie verkaufen fünf Optionen zu sechs Euro. Damit haben Sie Ihren ursprünglichen Einsatz komplett verdient und besitzen weiterhin fünf Optionen, für die noch immer das Gewinnziel von 400 Prozent gilt. Sie haben nun einen kostenlosen Trade gemacht, denn Ihr Einsatz ist wieder auf dem Konto. Selbst wenn Sie jetzt noch einen Totalverlust erleiden sollten, haben Sie dennoch effektiv einen Trade ohne Verlust gemacht. Im besten Fall bringen die fünf übrigen Kontrakte die angestrebten 400 Prozent Gewinn. In diesem Fall beträgt Ihr Profit unter dem Strich 250 Prozent für den gesamten Trade (100 Prozent x 0,5) + (400 Prozent x 0,5). Darüber hinaus hatten Sie die Garantie, keinen Verlust zu erleiden, nachdem Sie die Hälfte der Position mit 100 Prozent glattgestellt haben. Das macht Sie mit der verbleibenden Hälfte sehr viel flexibler und risikofreudiger und Sie entwickeln ein weitaus größeres Durchhaltevermögen, um einen Lucky Punch zu landen!

empfehlen, denn im volatilen Handel mit Optionen können sich Gewinne innerhalb kurzer Zeit in Luft auflösen oder gar in Verluste verwandeln. Die potenzielle Volatilität können Sie unter bestimmten Voraussetzungen reduzieren und sicherstellen, dass Sie keine Verluste erleiden, nachdem sich eine Position im Verhältnis zum Kaufpreis verdoppelt hat. Sie verkaufen die Hälfte Ihrer Kontrakte mit einem Profit von 100 Prozent und lassen den Rest laufen, in der Hoffnung, noch höhere Gewinne zu machen (vgl. Abb. 9.4).

Es gibt immer wieder Gelegenheiten für Optionstrades mit extrem hohen Hebel und man kann auf diese Weise wirklich hohe Profite erwirtschaften. Ich möchte aber nochmals darauf hinweisen, dass solche Traumergebnisse nur möglich sind, wenn man die hohen Risiken dieser Strategien akzeptiert und richtig mit Ihnen umgeht. Sie sollten sich darüber im Klaren sein, dass Sie mit dieser Strategie wahrscheinlich öfter Verlust als Gewinn machen werden.

Ein paar Tipps für die Praxis

Bevor Sie nun Ihr erstes Geld in Terminkontrakte investieren, möchte ich Ihnen noch einmal ein paar Tipps für die Praxis mit auf den Weg geben. Wenn Sie diese ignorieren, dann tun Sie das auf eigene Gefahr!

- Sofern Sie mit Optionen beginnen, dann handeln Sie keinesfalls solche, die im Folgemonat verfallen! Diese Kurzläufer sollten Sie nie länger als einen oder zwei Tage halten. Suchen Sie sich lieber Optionen mit Restlaufzeiten von mindestens sechs Wochen aus. Kurzläufer sind zwar billig und bieten hohe Hebelwirkungen, wenn Sie aber eine Position länger halten, müssen Sie mit dem enormen Zeitwertverlust dieser Optionen rechnen. Der Hebeleffekt ist oft nur Illusion!

- Wenn Sie beispielsweise eine Aktienoption mit Basis 170 Euro kaufen, bringt diese zwar 1.500 Prozent Gewinn, sollte Ihr Kursziel von 175 Euro erreicht werden. Doch die Chancen, dass der Kurs eines Unternehmens von derzeit vielleicht 160 Euro einen solchen Sprung nach oben macht, ist gleich null, wenn Ihre Option gerade noch zwei Tage läuft!
- Bei Kurzläufern ist oft eine höhere Implizite Volatiltät in den Preis einkalkuliert als bei länger laufenden Calls und Puts. Diese Optionen sind für risikofreudige Zocker und hart gesottene Profis interessant, die auf einen Schlag den ganz großen Deal machen möchten. Sie sind auch für erfahrene Trader attraktiv, die auf bevorstehende Ereignisse wie Gewinnmeldungen oder Fusionsentscheidungen setzen. Überlassen Sie diese riskanten und überbewerteten Optionen den Profis! Sonst verderben Sie sich schnell die Freude am Termingeschäft.
- Der Einstiegszeitpunkt ist am wichtigsten! Im Kapitel über Tradingsysteme haben wir besprochen, dass es nicht ausreicht, „nur" eine Kursbewegung richtig vorauszusagen. Sie müssen von Anfang an den Trend richtig erwischen! Wenn der Zeitrahmen nur 5 bis 20 Tage umfasst, wird das richtige Timing noch wichtiger – so wichtig, dass Ihre Technischen Indikatoren für das richtige Timing bis hinunter auf das Tagesniveau überprüft werden sollten, bevor Sie Ihren Trade starten.
- Kontrollieren Sie Ihre Verlustpositionen genau! Lassen Sie eine offene Position nie unter ein Kursniveau fallen, das für einen richtigen Ausstieg noch akzeptabel wäre. Ganz entscheidend ist, dass Sie eine Position sofort schließen, sobald sie die von Ihnen

gesetzt Marke zum äußersten Stopp erreicht hat. Tun Sie das nicht, dann bleibt Ihnen nur noch die Hoffnung, dass der Markt irgendwann dreht. Leider interessieren sich die Märkte aber nicht für unsere Hoffnungen und so überrascht es dann nicht, dass diejenigen, die ihre Positionen mit Hoffnung versehen, meist auf der Verliererseite sitzen.

- Ziehen Sie rechtzeitig die Notbremse! Wenn einer Ihrer Trades gescheitert sein sollte, dann versuchen Sie, mit einem blauen Auge davonzukommen, und stellen Sie bei jeder Gelegenheit glatt, die einen glimpflichen Ausstieg ermöglicht. Behalten Sie aber trotzdem einen kühlen Kopf und versuchen Sie, so viel Kapital wie möglich zu retten. Üben Sie aktive Schadensbegrenzung und lassen Sie sich niemals dazu hinreißen, eine gescheiterte Position in eine gewinnbringende verwandeln zu wollen.
- Nehmen Sie an, was der Markt Ihnen gibt! Verlangen Sie aber nie mehr, als er geben kann. Sollten Sie mit einer Position 100 Prozent Profit anstreben, der Markt jedoch bei 80 Prozent stagnieren, dann nehmen Sie diese 80 Prozent mit. Wenn Sie partout auf die restlichen 20 Prozent warten wollen, kann es schnell passieren, dass der Markt dreht und Sie auch die 80 Prozent verlieren. Denken Sie daran, dass 80 Prozent von weniger sehr viel mehr sind, als 100 Prozent von nichts!
- Meiden Sie Produkte, deren Tagescharts auf spitze Ausbrüche hinweisen. Das gilt vor allem dann, wenn Sie bei starkem Markt kaufen und bei schwachem verkaufen. Eine Wette auf einen Ausbruch aus einer engen Kursspanne hat eine geringe Trefferquote.
- Laufen Sie nie steigenden Kursen hinterher! Börse ist größtenteils Massenpsychologie. Wenn ein Trend steil nach oben geht, bekommen viele Marktteilnehmer Zweifel. Sie gehen auf Num-

mer sicher und steigen schnell wieder aus. Der Kurs beginnt zu stagnieren und weitere Teilnehmer räumen das Feld. Das Ende vom Lied: Der Kurs geht oft genauso schnell wieder in den Keller. Springen Sie also nie auf einen schnell fahrenden Zug auf!

– Vorsicht bei Kreuzungspunkten bei den gleitenden Durchschnitten. Das sind Situationen, in denen ein kurzfristiger gleitender Durchschnitt einen längeren nach oben oder nach unten hin schneidet. Im ersten Fall können Sie steigende, im zweiten Fall nachgebende Kurse erwarten.
– Hören Sie nie auf heiße Tipps! Vergessen Sie alles, was Ihnen andere über die Entwicklung der Märkte erzählen wollen. Viele, die einmal einen Kontrakt gekauft und ein paar Euro Profit gemacht haben, meinen, dass ihnen jetzt keiner mehr etwas vormachen könnte. Es zählt nicht, was andere sagen! Sie allein entscheiden, in welchen Markt Sie wann einsteigen wollen. Verlassen Sie sich auf Ihr Gespür, Ihre sorgfältige Analyse und gehen Sie ganz nüchtern vor.
– Üben Sie sich in Beharrlichkeit! Das ist der wichtigste Tipp für angehende Terminmarkthändler! Geben Sie nie auf, wenn es einmal nicht so laufen sollte, wie Sie es sich vorstellen. Das Schlimmste, was Ihnen an der Börse passieren kann, ist, nicht mehr an den eigenen Erfolg zu glauben. Wenn Sie einmal nicht so gut sind, dann haben Sie immer noch die Chance, aus Ihren Fehlern zu lernen und es beim nächsten Mal besser zu machen. Geben Sie auf, ist diese Chance vertan!
– Eine gute gesundheitliche Verfassung und körperliche Fitness sind wichtige Voraussetzungen für Ihren Erfolg an der Börse. Wenn Sie sich nicht gut fühlen oder krank sind, dann schließen Sie Ihre Positionen und erholen Sie sich erst einmal! Ruhe,

Entspannung und Ausgeglichenheit sind für den Erfolg an der Börse genauso wichtig. Gönnen Sie sich regelmäßig einen Urlaub und schalten Sie richtig ab. Nach einem Urlaub sind die Märkte und Börsen immer noch da. Ganz sicher!

Das Vermächtnis von Jesse Livermore

Jesse Livermore, der legendäre Trader und König der Spekulanten aus den 20er-Jahren, hat im Lauf seiner Trading-Laufbahn viele Male ein fantastisches Vermögen gewonnen und auch verloren. Auf dem Höhepunkt seines Erfolgs erzielte er im Börsencrash von 1929 einen Gewinn von mehr als 15 Millionen Dollar. Das war zu jener Zeit ein gigantisches Vermögen. Aber er musste irgendeine fatale Veranlagung gehabt haben, denn irgendwie verlor er sein Vermögen auch wieder. Der König der Spekulanten starb Anfang der 40er-Jahre einsam und ohne einen Penny. Jesse Livermore verübte Selbstmord und man fand seine Leiche irgendwo in einem heruntergekommenen Hotel.

Wahrscheinlich hat Jesse Livermore den wichtigsten seiner Ratschläge selbst nicht befolgt. Er warnte alle Traderkollegen vor Leichtsinn und forderte sie auf, die Hälfte eines großen Gewinns für später zurückzulegen und es keinesfalls mehr zum Trading zu verwenden. Daran hat er sich aber leider nicht gehalten.

Jesse Livermore stammte aus armen Verhältnissen und entwickelte die erstaunliche Fähigkeit, Millionenprofite aus den Finanz- und Warenmärkten zu holen, in die er stets nur mit kleinen Beträgen eingestiegen ist. Das hatte nichts mit Glück oder dergleichen zu tun, denn ihm gelang dieses Kunststück unzählige Male. Was ist nun Jesse Livermores Tradinggeheimnis, sein Vermächtnis an die Nachwelt? In seinem Buch „Das Spiel der Spiele“, einem großteils autobiographischen Werk, fasst er das Geheimnis, wie man große Gewinne macht, in Worte. Inzwischen sind fast 90 Jahre vergangen, Börsengeschäfte werden heute per Computer abgewickelt und man handelt Financial Futures. Die Grundlagen des Börsengeschäfts haben sich jedoch nicht geändert – weil eben der Mensch sein Verhalten auch nicht geändert hat.

Zu Beginn seiner Karriere hatte Jesse Livermore dasselbe Problem wie die meisten Trading-Einsteiger auch heute noch. Im Gegensatz zu vielen anderen berühmten Spekulanten und Investoren hat er aber das Geheimnis, wie man Top-Profite macht, enthüllt und weitergegeben. Die Natur des Menschen verhindert meistens, dass diese Lektion gelernt wird. Auch Jesse Livermore hat sie letztendlich nicht gelernt, aber er erzählt die Geschichte des alten Mr. Partridge, eines begeisterten Traders. Ich habe diese Geschichte unzählige Male gelesen und kenne sie fast auswendig. Ich möchte Sie Ihnen an dieser Stelle kurz zusammengefasst erzählen:

Die meisten Kunden von Brokern sind gleich: Nur wenige können von sich behaupten, dass ihnen die Börse kein Geld schulden würde. Nur einer unter ihnen war anders: ein älterer, seriöser Herr. Er erteilte niemals ungefragt Ratschläge und prahlte auch nicht mit seinen Gewinnen. Gelegentlich hörte Livermore ihn sagen: „Nun, wir befinden uns in einem Bullenmarkt, wie Sie alle wissen!", so als ob er einen Talisman von unbezahltem Wert überreichen wollte. Natürlich verstand Livermore damals nicht, was der Herr meinte.

„Aber ich kann diese Aktie nicht verkaufen!", sagte Mr. Partridge. „Warum nicht?", wollte Livermore wissen. „Nun, wir befinden uns in einem Bullenmarkt! Mein lieber Junge, wenn ich jetzt verkaufe, gäbe ich meine Position auf. Und wo stünde ich dann? Wenn Sie erst einmal so alt sind wie ich und ebenso viele Haussen und

Kursstürze erlebt haben wie ich, dann wissen Sie, dass es sich niemand leisten kann, seinen Standpunkt so einfach aufzugeben – nicht einmal John D. Rockefeller. Ich hoffe, dass der Kurs der Aktie fällt und Sie dann wesentlich billiger zurückkaufen können, mein Verehrtester. Ich selbst kann meine Trades aber nur unter Einbringung meiner langjährigen Erfahrung durchführen. Der Preis war hoch genug und ich bin keineswegs gewillt, ein zweites Mal Lehrgeld zu bezahlen."

Je mehr Livermore sich damit beschäftigte, umso klarer wurde ihm, wie klug der alte Herr doch war. Er hatte in jungen Jahren offensichtlich mit dem gleichen Problem zu kämpfen wie er selbst und kannte dessen Schwächen. Livermore dachte, er hätte mit seinen Börsenerfahrungen einen großen Satz nach vorne gemacht, bis ihm endlich klar wurde, was Mr. Partridge mit seinen Worten: „Sie wissen schon, wir befinden uns in einem Bullenmarkt!", eigentlich sagen wollte. Dass es nämlich nicht einzelne Kursschwankungen sind, sondern die großen Bewegungen des Marktes, mit denen man das große Geld verdienen kann.

Nachdem Livermore viele Jahre an der Wall Street verbracht und Millionen verdient und auch wieder verloren hatte, wollte er Folgendes betonen: Die großen Gewinne hat er nicht durch Denken gemacht. Es war vielmehr seine Beharrlichkeit! Er hat sich einfach nie beirren lassen. Es gibt immer viele frühzeitige Bullen in den Bullenmärkten und Bären in den Bärenmärkten. Livermore kannte eine Menge Leute, die genau zum richtigen Zeitpunkt richtig lagen und mit dem Kauf oder Verkauf ihrer Aktien begannen, als sich die Kurse auf dem Niveau befanden, das eigentlich das größte Gewinnpotenzial hätte bieten müssen. Und sie machten genau dieselbe Erfahrung wie Livermore: Das große Geld war damit nicht zu verdienen. Trader, die den Markt richtig einschätzen und das Standvermögen haben, sind selten zu finden. Das zu lernen, fiel Livermore am schwersten. Doch erst, wenn ein Börsenspekulant genau das richtig begriffen hat, dann kann er das große Geld verdienen. Hat sich ein Trader die entsprechenden Trading-Kenntnisse erst einmal angeeignet, verdient er ein paar Millionen viel leichter als ein paar Hundert ohne Kenntnisse!

Nun sind wir am Schluss dieses Buches angelangt und ich hoffe von ganzem Herzen, dass ich Ihnen die wichtigsten Grundlagen für die Terminmärkte habe näherbringen können. Und ich hoffe natürlich, ich habe Sie nicht gelangweilt, auch wenn dieses Thema etwas trocken ist. Was Sie jetzt noch benötigen, ist spezifisches Fachwissen – Fachwissen vor allem über die Besonderheiten der Analyse von Terminmärkten und über die Märkte, für die Sie sich besonders interessieren. Perfektionieren Sie Ihr Können ständig, denn nur so werden Sie den Erfolg haben, der auch Ihnen zusteht und den ich Ihnen von ganzem Herzen wünsche. In diesem Sinne

Auf Wiedersehen – ganz oben!

Anhang

Weiterführende Literatur

Michael N. Kahn: Technische Analyse. Mit Charts Kurstrends frühzeitig erkennen. Hamburg: Financial Times Deutschland, 2001.

Franz J. Teupe: Chartanalyse. Der Schlüssel zum Börsentrend. Die Praxis der klassischen Chartanalyse am Aktien- und Terminmarkt. Grundlagen, Konzepte, Techniken. Fürth: Vogl Verlag, 1992.

Michael Vieker: Indikatorenprognosen. Rosenheim: Tm Börsenverlag, 1995.

Miroslav Kocur: Systemkonzeptionen. Systeme von Handelsstrategien an Futures-Märkten, Konzeption und Performance. Rosenheim: Tm Börsenverlag, 1999.

Werner H. Heussinger: Elliot-Wave-Finanzmarktanalyse. Kurse erfolgreich prognostizieren. 3. Auflg. Wiesbaden: Gabler, 2002.

John J. Murphy: Technische Analyse der Terminmärkte. Darmstadt: Hoppenstedt-Verlag, 2004.

Thomas Müller, Wolfgang Lindner: Das große Buch der Technischen Indikatoren. Alles über Oszillatoren, Trendfolger, Zyklentechnik. 8. veränd. Auflg. Rosenheim: Tm Börsenverlag, 2004.

Tushar S. Chande: Das große Buch der Trading-Konzepte. Alles über Entwicklung und Anwendung von Trading-Systemen. Rosenheim: Tm Börsenverlag, 1998.

Ulrich Becker: Lexikon Terminhandel. Finanz- und Rohstoff-Futures. Wiesbaden: Gabler, 1994.

Jesse Livermore: Das Spiel der Spiele. 11. Auflg. Rosenheim: Tm Börsenverlag, 2005.

Internet-Seiten

www.deraktionaer.de
www.eurexchange.com
www.forium.de
www.terminmarktwelt.de
www.rmx-online.de
www.financebooks.de

280 Seiten
geb. mit SU
Bestellnr. 36966
24,90 Euro

Traden wie die Hedgefonds

Wenn Sie schon immer wissen wollten, wie professionelle Investoren kontinuierlich Geld an der Börse verdienen, dann sind Sie hier richtig. Börsenprofi James Altucher erklärt in 20 Kapiteln ebenso viele Strategien, die jeder Anleger einfach an der Börse umsetzen kann. Der Autor entwickelt verschiedene Gedanken gemeinsam mit dem Leser zu immer ausgefeilteren Strategien – die immer höhere Erträge bringen.
Nach der Lektüre dieses Buchs ist der Leser um eine Vielzahl erprobter und erfolgreicher Börsenstrategien reicher. Altucher zeigt, was funktioniert, was nicht funktioniert und auf welche Weise man in jedem Markt kontinuierlich Gewinne erzielen kann.

320 Seiten
geb. mit SU
Bestellnr. 36870
29,90 Euro

Aktien und Rohstoffe erfolgreich traden

Larry Williams auf der Spur der sogenannten „Commercials". Sie zeichnen sich durch zwei Faktoren aus – durch sehr viel Kapital und vor allem sehr viel Wissen über den Markt, an dem sie aktiv sind. Einmal pro Woche müssen Marktteilnehmer, deren Ordergrößen bestimmte Limits überschreiten, ihre Aktivitäten der Commodity Futures Trading Commission mitteilen. Diese erstellt daraus den „Commitment of Traders"-Report (COT-Report), der für jedermann zugänglich ist. In seinem Buch zeigt Larry Williams den Lesern, wie sie mithilfe dieser Informationen die Aktivitäten der „Commercials" erkennen und in gewinnbringende Anlageentscheidungen umsetzen können.

480 Seiten
geb. mit SU
Bestellnr. 36961
29,90 Euro

Sichere Wege zur finanziellen Freiheit

Kennen Sie die vielleicht wichtigste Zahl in Ihrem Leben? Es ist Ihre „Financial Freedom Number" – der Betrag, den Sie benötigen, um finanziell unabhängig zu sein. Wer dabei sofort an Millionenbeträge denkt, der sollte dieses Buch lesen. Es zeigt vor allem eines: Die finanzielle Freiheit ist näher, als man denkt. Sie ist nicht die Frage eines dicken Bankkontos – sie wird erreicht, indem man sich passives Einkommen schafft, das die persönlichen Ausgaben übersteigt. Wie jeder durch Steigerung seines passiven Einkommens und intelligentes Verhalten als Geldanleger diesen Traum verwirklichen kann, das zeigen die drei Experten in diesem angenehm zu lesenden Leitfaden.

272 Seiten
geb. mit SU
Bestellnr. 36607
29,90 Euro

Die richtige Aktie zur richtigen Zeit

US-Trading-Legende Larry Williams will den Lesern seines Bestsellers „The Right Stock at the Right Time" das Rüstzeug für eine Karriere als erfolgreicher Anleger mit auf den Weg geben. Dazu hat er Kursbewegungen der Vergangenheit untersucht und die Auswirkung verschiedener Kennzahlen auf die Performance analysiert. Er zeigt die Muster, nach denen sich die Märkte bewegen und die Anleger ausnützen können, um ihre Gewinne bei sinkendem Risiko zu maximieren. Er untersucht, welche Aktien die besten Chancen bieten und – noch wichtiger – wann der richtige Zeitpunkt gekommen ist, diese Aktien auch zu kaufen.

416 Seiten
geb. mit SU
Bestellnr. 36952
29,90 Euro

Real Money

Jim Cramer begann seine Karriere bereits an der Universität. Als Student hinterließ er Anlagetipps auf seinem Anrufbeantworter und wurde von einem seiner Professoren als Geldverwalter „entdeckt". Später arbeitete er für Goldman Sachs, machte sich schließlich selbständig und erwirtschaftete mit einem eigenen Hedgefonds 14 Jahre lang im Durchschnitt mehr als 20 Prozent Gewinn pro Jahr. In „Real Money" beschreibt Cramer, wie Anleger langfristig erfolgreich an den Märkten agieren können. Welche Fehler muss ich vermeiden? Welche Strategien versprechen Erfolg? Was machen wirklich reiche Familien mit ihrem Geld? Auf Fragen wie diese liefert der Autor umfassende Antworten.